朱德义　主编

房地产项目营销
策划·模式·方案

REAL

ESTATE

化学工业出版社

·北京·

《房地产项目营销——策划·模式·方案》以房地产项目营销为主线，分为三部分：

● 房地产项目营销策划（包括房地产市场定位、房地产项目产品策划、房地产项目定价策划、房地产项目形象策划、房地产项目广告策划）。

● 房地产项目营销运作模式（包括销售代理模式、内部认购模式、展会营销模式、节日促销模式、大客户营销模式、品牌营销模式、网络营销模式、微信营销模式、活动营销模式）。

● 房地产项目后期营销策划（包括项目导入期、项目预热期、项目开盘期、项目强销期、项目持续期、项目尾盘期）。

《房地产项目营销——策划·模式·方案》实用性强，着重突出可操作性，书中附有大量的范本，可帮助房地产项目营销过程中的相关人员提升工作能力，使之为企业的营销管理创造价值且发挥更大的作用。

图书在版编目（CIP）数据

房地产项目营销——策划·模式·方案/朱德义
主编．—北京：化学工业出版社，2018.3（2021.3重印）
ISBN 978-7-122-31279-2

Ⅰ．①房… Ⅱ．①朱… Ⅲ．①房地产-营销策划
Ⅳ．①F293.35

中国版本图书馆CIP数据核字（2017）第330462号

责任编辑：陈　蕾　　　　　　　　　　装帧设计：尹琳琳
责任校对：王　静

出版发行：化学工业出版社（北京市东城区青年湖南街13号　邮政编码100011）
印　　装：大厂聚鑫印刷有限责任公司
710mm×1000mm　1/16　印张13　字数225千字　2021年3月北京第1版第5次印刷

购书咨询：010-64518888　　　　　　　　售后服务：010-64518899
网　　址：http://www.cip.com.cn
凡购买本书，如有缺损质量问题，本社销售中心负责调换。

定　　价：58.00元　　　　　　　　　　　　　　版权所有　违者必究

▶▶ 前 言

　　房地产项目营销就是运用整合营销概念，对开发商的建设项目，从观念、设计、区位、环境、房型、价格、品牌、包装、推广上进行整合，合理确定房地产目标市场的实际需求，以开发商、消费者、社会三方共同利益为中心，通过市场调查、项目定位、推广策划、销售执行等营销过程的分析、计划、组织和控制，在深刻了解潜在消费者深层次及未来需求的基础上，为开发商规划出合理的建设取向，从而使产品及服务完全符合消费者的需要而形成产品的自我销售，并通过消费者的满意使开发商获得利益的过程。

　　房地产市场营销的产生是生产力发展和商品经济发达的必然产物，市场营销是房地产经营过程中不可缺少的组成部分。强有力的房地产市场营销活动不仅可以促进地区的经济繁荣，还有助于将计划中的房地产开发建设方案变成现实，使每一宗物业顺利出售或出租。

　　近几年，随着房地产市场的迅猛崛起，房地产营销模式也随之发生快速转变。以前那种靠开发商独自跑项目、跑贷款、跑销售，凭感觉定位楼盘，事后策划的简单化经营模式的时代已经过去，取而代之的是全新的全程营销模式和理念。随着互联网思维对地产的渗透，互联网营销模式一定不是简单的为了卖房子，同时也是对于产业链的拓展。

　　由于房产与其他商品相比，生产周期非常长，而房产同时又是一种集使用和投资于一身的昂贵商品，所以它的选择和购买过程较长。对于具体的项目而言，房地产企业要区别各个不同的销售阶段，以采取具有针对性的广告宣传策略才会对项目销售起到更大的支持作用。

　　如今我国房地产产业已从卖方市场转变为买方市场，怎样才能做好房地产营销策划工作？怎样选择适合自己公司的营销模式？怎样做好房地产项目后期营销策划呢？

　　《房地产项目营销——策划·模式·方案》一书针对房地产项目的营销环节而编写，旨在为房地产开发商和房地产营销人员提供一种思路和借鉴。本书适合房地产公司董事长、总经理、营销负责人（营销副总、营销总监、销售经理、策划经理、销售主管）和作为管理储备力量的优秀营销人员，以及房地产营销策划代理公司总经理、营销总监、销售经理、策划经理阅读参考。

本书由朱德义主编，本书在编辑整理过程中，获得了许多房地产策划机构、房地产一线从业人员和朋友的帮助与支持，其中参与编写和提供资料的有王玲、陈世群、李超明、李景吉、李景安、匡五寿、吴日荣、张燕、张杰、张众宽、张立冬、郭华伟、郭梅、秦广、黄河、董超、姚根兴、靳玉良、鲁海波、鞠晴江、杨婧、何志阳、郝晓冬、张嘉卿，最后全书由匡仲潇统稿、审核完成。在此对他们一并表示感谢！

由于时间和水平所限，书中难免有不足之处，敬请广大专家读者指正。

编者

▶▶目 录

第一部分　房地产项目营销策划

房地产市场营销的产生是生产力发展和商品经济发达的必然产物，市场营销是房地产经营过程中不可缺少的组成部分。强有力的房地产市场营销活动不仅可以促进地区的经济繁荣，还有助于将计划中的房地产开发建设方案变成现实，使每一宗物业顺利出售或出租。

第二部分 房地产项目营销运作模式

近几年，随着房地产市场的迅猛崛起，房地产营销模式也随之发生快速转变。以前那种靠开发商独自跑项目、跑贷款、跑销售，凭感觉定位楼盘，事后策划的简单化经营模式的时代已经过去，取而代之的是全新的全程营销模式和理念。

第三部分　房地产项目后期营销策划

　　由于房产与其他商品相比，生产周期非常长，而房产同时又是一种集使用和投资于一身的昂贵商品，所以它的选择和购买过程较长。对于具体的项目而言，房地产企业要区别各个不同的销售阶段，以采取具有针对性的广告宣传对策才会对项目销售起到更大的支持作用。

第一部分
房地产项目营销策划

　　房地产市场营销的产生是生产力发展和商品经济发达的必然产物，市场营销是房地产经营过程中不可缺少的组成部分。强有力的房地产市场营销活动不仅可以促进地区的经济繁荣，还有助于将计划中的房地产开发建设方案变成现实，使每一宗物业顺利出售或出租。

第一章　房地产市场定位

阅读提示：
　　对于房地产企业来说，准确的市场定位和积极的营销策略是房地产项目开发和经营成功的前提。

关键词：
市场细分
目标市场选择
准确定位

一、房地产市场细分

　　所谓市场细分是指营销者通过市场调研，依据消费者的需要、欲望、购买行为和购买习惯等方面的差异，把某一产品的市场整体划分为若干消费者群的市场分类过程。每一个消费者群就是一个细分市场，每一个细分市场都是具有类似需求倾向的消费者构成的群体。

1.房地产市场细分的作用

　　任何一个规模巨大、资金实力雄厚的公司，都不可能满足市场上全部消费者的所有需求。由于资源、设备、技术等方面的限制，企业只能根据自身的优势条件，从事某类房地产的生产、营销活动，选择力所能及的适合自己经营的目标市场，因此有必要细分市场。市场细分实质上是辨别和区分具有不同欲望和偏好的消费者群并加以分类的过程，其作用主要表现在图1-1所示几个方面。

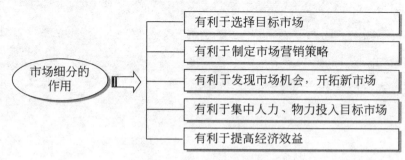

图1-1　市场细分的作用

　　图1-1所示说明：
　　① 有利于选择目标市场。企业可以根据自身经营思想、方针及生产技术和营

销力量，确定服务对象，即目标市场。

②有利于制定市场营销策略。在细分的市场上，信息容易了解和反馈，一旦消费者的需求发生变化，企业可迅速改变营销策略，制定相应的对策，以适应市场需求的变化，提高企业的应变能力和竞争力。

③有利于发现市场机会，开拓新市场。通过市场细分，企业可以对每一个细分市场购买潜力、满足程度、竞争情况等进行分析对比，探索出有利于本企业的市场机会，开拓新市场，以更好适应市场的需要。

④有利于集中人力、物力投入目标市场。通过细分市场，选择适合自己的目标市场，企业可以集中人、财、物及资源争取局部市场上的优势，然后再占领自己的目标市场。

⑤有利于提高经济效益。通过市场细分，企业可以面对自己的目标市场，生产出适销对路的产品，既能满足市场需要，又可增加企业的收入。

2.市场细分的标准

市场细分理论首先明确的是某单一的消费者群，选择的往往不仅是产品的单一特性，而且是产品特性的组合。对于房地产企业而言，特定的产品不是仅满足某单一的消费者，而是满足某一范围的消费者群。作为个体，消费者的需求层次主要是由其社会和经济背景决定的，因此对消费者的细分，也即是对其社会和经济背景所牵涉的因素进行细分。

其细分标准如表1-1所示。

表1-1　房地产市场细分标准

细分标准			细分市场
地理因素	城市规模		特大城市、大城市、中等城市、小城市
	区位地段		市中心、次中心、城郊、卫星城区
产品用途	居住	档次	低档、中档、高档、别墅
		房型	×房×厅×卫×阳台
		层数	多层、小高层、高层
	商用		商场、酒店、宾馆
	写字楼		甲级、乙级、丙级
	厂房		
购房动机			求名、求新、求美、求廉、求实、求便等
购房群体	经济地位		高收入、中等收入、低收入
	社会地位		农民、工薪人士、个体户、中高级管理人员
	年龄周期		青年、中年、老年
	家庭结构		单身、三口之家、大家庭等

3.房地产市场细分的原则

在制订战略性的房地产市场营销计划时，企业的基本任务是发现和了解它的市场机会，然后制定和执行有效的营销方案，而房地产市场细分是完成这一任务的关键和核心。房地产市场细分的原则如图1-2所示。

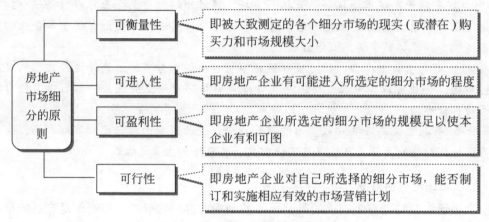

图1-2　房地产市场细分的原则

4.房地产市场细分的方法

市场细分的标准是动态的，不同的企业在市场细分时应采用不同标准，企业在进行市场细分时，可采用一项标准，即单一变量因素细分，也可采用多个变量因素组合或系列变量因素进行市场细分，具体方法如表1-2所示。

表1-2　房地产市场细分的方法

序号	细分方法	具体说明	举例说明
1	单一变量因素法	就是根据影响消费者需求的某一个重要因素进行市场细分	如按收入变量将房地产市场细分为高端市场和中、低端市场
2	多个变量因素组合法	就是根据影响消费者需求的两种或两种以上的因素进行市场细分	如年龄、职业、工作地点等变量组合细分市场
3	系列变量因素法	根据企业经营的特点并按照影响消费者需求的诸因素，由粗到细地进行市场细分。这种方法可使目标市场更加明确而具体，有利于企业更好地制定相应的市场营销策略	如从人口、地理、心理、行为等方面选取系列因素逐步细分市场，对客户定位和营销策略选择比较有意义

5.市场细分的一般程序

房地产市场也属于消费品市场，但又不同于一般日常的消费品，它具有投资额大、使用期长的特点，因此做市场细分也有自己的特点。美国市场学家麦卡锡提出细分市场的一整套程序，包括7个步骤，具体如图1-3所示。

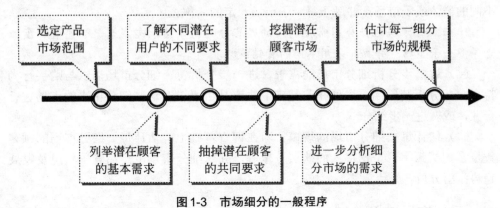

图1-3 市场细分的一般程序

（1）选定产品市场范围。即确定进入什么行业、生产什么产品。产品市场范围应以顾客的需求，而不是产品本身特性来确定。

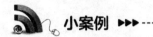 **小案例** ▶▶▶

　　某一房地产公司打算在乡间建造一幢简朴的住宅，若只考虑产品特征，该公司可能认为这幢住宅的出租对象是低收入顾客，但从市场需求角度看，高收入者也可能是这幢住宅的潜在顾客。因为高收入者在住腻了高楼大厦之后，恰恰可能向往乡间的清静，从而可能成为这种住宅的顾客。

　　（2）列举潜在顾客的基本需求

　　比如，房地产企业可以通过调查，了解潜在消费者对前述住宅的基本需求。这些需求可能包括：遮风避雨，安全、方便、宁静，设计合理，室内陈设完备，工程质量好等。

　　（3）了解不同潜在用户的不同要求。对于列举出来的基本需求，不同顾客强调的侧重点可能会存在差异。

　　比如，经济、安全、遮风避雨是所有顾客共同强调的，但有的用户可能特别重视生活的方便，另外一类用户则对环境的安静、内部装修等有很高的要求。通过这种差异比较，不同的顾客群体即可初步被识别出来。

　　（4）抽掉潜在顾客的共同要求。这是指以特殊需求作为细分标准。上述所列购房的共同要求固然重要，但不能作为市场细分的基础。

　　比如，遮风避雨、安全是每位用户的要求，就不能作为细分市场的标准，因而应该剔出。

（5）挖掘潜在顾客市场。根据潜在顾客基本需求上的差异方面，将其划分为不同的群体或子市场，并赋予每一子市场一定的名称。

比如，西方房地产公司常把购房的顾客分为好动者、老成者、新婚者、度假者等多个子市场，并据此采用不同的营销策略。

（6）进一步分析细分市场的需求。进一步分析每一细分市场需求与购买行为特点，并分析其原因，以便在此基础上决定是否可以对这些细分出来的市场进行合并，或做进一步细分。

（7）估计每一细分市场的规模。即在调查基础上，估计每一细分市场的顾客数量、购买频率、平均每次的购买数量等，并对细分市场上产品竞争状况及发展趋势作出分析。

二、目标市场选择

市场细分的最终目的是为了选择和确定目标市场。房地产企业的一切市场营销活动，都是围绕目标市场进行的。目标市场的选择是房地产企业制定营销战略的基础，对企业的生存发展具有重要意义。

1.确定目标市场的原则

目标市场就是房地产企业决定进入的那个市场，即企业经过市场细分，以及对细分市场评估以后，决定以相应的商品和服务去满足那种特定需要和服务的顾客群。确定目标市场应遵循图1-4所示的原则。

> **原则一** 产品、市场和技术的相关性原则
>
> 企业所选择的目标市场，应能充分发挥企业的技术特长，生产符合目标市场需求的产品。如果细分市场不能使企业的技术和产品优势发挥到最大程度，则一般不宜选择

> **原则二** 发挥企业的竞争优势
>
> 即应选择能够突出和发挥企业特长的细分市场作为目标市场，这样才能利用企业相对竞争优势，在竞争中处于有利的地位

> **原则三** 与原有业务相乘相长的效应
>
> 新确定的目标市场不能对企业原有的产品带来消极的影响，新、老产品要能互相促进，同时扩大销售量和提高市场占有率，使企业获得更好更多的经济效益

图1-4 确定目标市场的原则

2.目标市场选择的条件

房地产企业是在市场细分的基础上决定要进入的市场，在选择目标市场时要符合图1-5所示的条件。

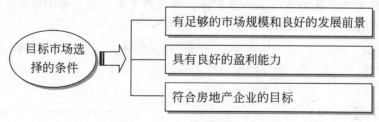

图1-5 目标市场选择的条件

3.目标市场选择模式

房地产企业要对选择进入哪些目标市场或为多少个目标市场服务作出决策。可供房地产开发商选择的目标市场模式有图1-6所示的五种。

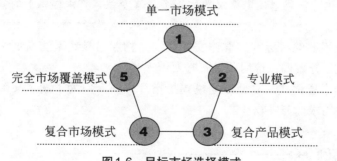

图1-6 目标市场选择模式

（1）单一市场模式。此模式指房地产开发企业选择一个目标市场集中营销。

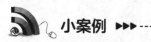

小案例 ▶▶▶

万达集团从公司建立之初就将目标市场锁定为商业地产，成立十几年，这一目标从未改变，改变的只是其触角早已不再局限于大连、辽宁，而是伸向全国。北京的万达广场已经成为其一个标志性的项目工程。万达集团在开发策略上不断创新，为了规避商业地产开发项目周期长、资金需求量大的特点，前期就联合各种品牌店联合开发，统一规划，将变动因素提前预制考虑，让每个楼盘都畅销，每个商铺都脱销，每个店面都抢手。十几年来能保持每个项目的招商成功、运营成功，与他们采用的单一市场模式是分不开的。

（2）专业模式。房地产开发企业选择若干个目标市场，其中每个目标市场在客观上都具有吸引力，而且符合开发商的目标和资源。

比如，北京SOHO公司，通过市场细分，选择了其中的两个目标市场，该公司集中有限的资源先后为北京的居家办公的目标市场开发了SOHO现代城，为金领人士组成的目标市场在海南开发了高档海景别墅。

（3）复合产品模式。此模式是指房地产开发商集中开发一种类型的物业产品，并向多个目标市场的客户群体销售这种产品。

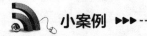 **小案例** ▶▶▶ --

> 北京市天创房地产开发公司精心打造天缘公寓（高层住宅项目），该项目位于北京市宣武区白纸坊和西二环交汇口，项目总建筑面积7万平方米，公寓的户型面积从75平方米至193平方米，涵盖了二室二厅、三室二厅、四室二厅等多种规格，开发商力图通过该物业的开发建设来满足不同目标市场（小康型住宅需求群体、富裕型住宅需求群体、豪华享受住宅需求群体）的需求。

但是，将不同的目标客户群体安排在同一物业内显然无法满足这些目标群体的个性化需求，开发商在选用此模式时要慎重。

（4）复合市场模式。复合市场模式是指开发商专门为了满足某个目标客户群体的各种主要需求而开发物业。

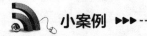 **小案例** ▶▶▶ --

> 位于南京新街口中央商务区的标志性建筑天安国际大厦，它的目标客户群体定位在南京CBD办公的白领阶层，该项目的1～8层为大洋百货公司，9～13层为高档写字楼，14～42层是公寓。开发商通过在一个楼盘中开发不同类型的物业，较好地满足了南京新街口CBD区域内的白领人士购物、餐饮娱乐、办公、居住等各种需求。

（5）完全市场覆盖模式。这种模式是指房地产开发商通过投资开发各种类型的物业来满足各种目标市场的需求。只有大型的房地产公司才有采用完全市场覆盖战略。

香港的房地产公司纷纷渗透到内地房地产市场，除了早期局限于开发大型楼盘项目和商业地产外，纷纷染指住宅项目，从而完成房地产各个产品业态的完全市场覆盖。

三、项目市场定位

房地产项目的市场定位是指根据目标市场的需求特征对项目产品特征作出的具体规定。房地产企业市场定位的好坏决定了企业发展的成败，因此通过准确的定位，房地产企业才能取得更高的效益。

1.市场定位的分类

市场定位可分为对现有产品的再定位和对潜在产品的预定位。

（1）现有产品的再定位。对现有产品的再定位可能导致产品名称、价格和包装的改变，但是这些外表变化的目的是为了保证产品在潜在消费者的心目中留下值得购买的形象。

（2）对潜在产品的预定位。对潜在产品的预定位，要求营销者必须从零开始，使产品特色确实符合所选择的目标市场。房地产企业在进行市场定位时，一方面要了解竞争对手的产品具有何种特色；另一方面要研究消费者对该产品的各种属性的重视程度，然后根据这两方面进行分析，再选定本公司产品的特色和独特形象。

2.市场定位的步骤

市场定位是项目策划的核心，起着重要的引领作用，更是事关项目销售业绩好坏的关键因素。房地产开发项目市场定位的步骤如表1-3所示。

表1-3　房地产开发项目市场定位的步骤

序号	内容	具体说明
1	确立开发理念	基于企业的价值观，为体现企业文化，发挥企业的竞争优势，确定开发的指导思想和经营模式，使得项目定位有利于企业的长久发展，有利于品牌建设
2	明确用途功能	在市场定位时应根据城市规划限制条件，按照最佳最优利用原则确定开发类型，对土地资源进行综合利用，充分挖掘土地潜能
3	筛选目标客户	在市场调查的基础上，以有效需求为导向，初步确定项目的目标客户，分析其消费能力，为产品定位和价格定位做好基础工作
4	进行项目初步设计	在市场资料的基础上，根据土地和目标客户的具体情况，编制初步设计任务书，委托规划设计部门进行项目的初步设计，进一步确定建筑风格、结构形式、房型、面积和建筑标准等内容
5	测算租售价格	参照类似房地产的市场价格，运用适当的方法，综合考虑房地产价格的影响因素，确定本项目的租售价格
6	提出可行方案	根据企业经济实力和项目投资流量，分析和选择适当的入市时机，充分考虑到风险和利益的辩证关系，提出可行的营销策划方案，保证项目的顺利进行

3.市场定位的内容

定位就是对具体的房地产开发项目在详细的房地产市场调研和分析的基础上，有目的性、有选择性、有针对性地选定目标市场，确定消费群体，明确项目档次，设计建设标准。一般来说，房地产项目市场定位包括图1-7所示的内容。

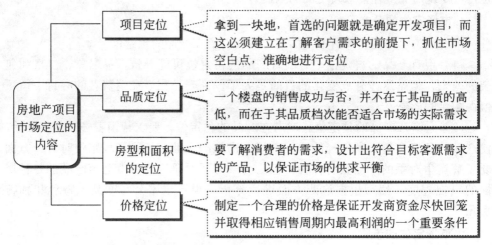

图1-7　房地产项目市场定位的内容

4.市场定位的管理

房地产企业应从图1-8所示的几个方面加强房地产项目市场定位的管理。

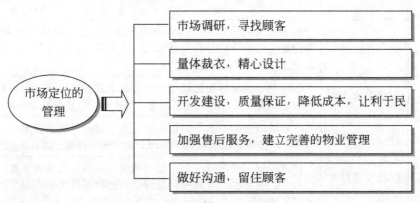

图1-8　市场定位的管理

（1）市场调研，寻找顾客。顾客的需要是企业设计和开发产品的源头，企业只有站在顾客的立场上去研究、设计及开发产品，以消费者的需求为出发点，才能生产出令顾客满意的产品。只有当物业的综合素质真正满足了消费者需求的时候，才会产生购买行为。因此进行深入细致的调查研究，发现消费者的需求，然后确定目标顾客的选择及顾客细分是满足顾客需求的前提，也为提高顾客满意度提供了保障。

（2）量体裁衣，精心设计。一旦确定了目标市场，那么项目设定、总体规划、建筑设计就必须按照顾客需求，尽可能使顾客满意度上升。深入分析土地的地理特征、交通条件、景观环境、周边社区环境、人文特点等，确定消费者在此购买何种物业，所能承受的价格档次，再结合土地既有条件，决定项目的定位，建筑功能必须全方位地深入分析和研究，设计出契合生命本质、家庭天伦本质的杰作，来充分满足消费者的需求和欲望。

（3）开发建设，质量保证，降低成本，让利于民。开发建设过程中，各个细小环节都需要保证质量。加强管理，牢牢把握质量关，这是使顾客满意的保证。在保证质量的基础上，降低费用成本，从而降低房地产价格，以提高顾客满意度。

（4）加强售后服务，建立完善的物业管理。尽善尽美地满足人们居住的需要，创造一个安静、舒适、方便、优美的生活环境，使居民安居乐业，同时不断提高本企业的管理经营能力，促进本企业的发展。物业管理水平的高低、服务质量的好坏，都直接推动或制约房地产营销的其他环节。对房地产企业而言，要提供尽可能完善的售后服务，使业主满意。

（5）做好沟通，留住顾客。据调查发现，获得一个新顾客要比维系一个老顾客的成本增加5～6倍，所以与客户做好良好的沟通是很有必要的，这不仅可为企业提出有关产品和服务的好主意，而且还可全面深入地宣传企业及其产品，从而吸引新顾客。

下面提供一份××地产××项目市场定位建议书的范例，仅供参考。

××地产××项目市场定位建议书

第一章　项目定位逻辑分析

略。

第二章　项目定位建议

一、项目档次定位

社区档次：中高档次

档次范围：政府经济房。

定位建议：寻求档次差异化，提升区域竞争力，但尽量往中高档次靠。

配套规模和档次：中高档次。

定位建议：在配套档次上，除能满足其他政府集资小区所拥有的社区配套外，希望引入一些特色运动配套、休闲配套、文化配套，提升小区的配套规模和档次。

（二）景观档次：中高档次

档次范围：政府经济房。

定位建议：档次尽量往中高档次靠，要注重景观处理的细节。

（三）价格档次：中高档次

档次范围：政府经济房。

定位建议：价格竞争需要通过全局把控，希望与××楼盘保持一定的距离，也要从总价上与政府集资小区形成竞争。

二、项目功能定位

休闲居住+社区特色休闲商业+社区自给型商业

三、目标客户群定位

根据对周边楼盘的调研和潜在客户群体的访问，我们锁定本项目目标消费群体特征如下。

1.目标群体主要区域来源：城北区、周边乡镇

大多数楼盘目标客户群体均呈圆形辐射，因此本项目未来目标群体主要是来源于城北区；另外城南、××片区也有一部分的潜在客户群体；随着农民收入的增加，乡镇居民将成为一个新的购房群体。

2.目标客户群年龄：22～45岁，其中主力年龄段在30～40岁之间

从近三年有购房需求的客户年龄上看，总体偏向年轻化，30～40岁的群体所占比例最大，这部分群体有固定的收入和丰厚的存款，购房能力较强。其次，22～29岁的客户也逐渐成为购房的主力，这部分群体大多数都是因为成家要买房，虽然他们有固定的工作，但收入和存款有限，需要家庭的支持来购房。

3.目标客户群特征

（1）主要属于未婚与父母同住、未婚未与父母同住、已婚未有小孩、已婚小孩未满6岁。

（2）家庭主要结构为两口、三口之家。

（3）主要是大专及以上文凭。

（4）主要职业是个体户、私人企业一般管理人员、专业技术人员、医生及管理人员。

（5）家庭月收入在3000元以上。

4.目标客户群购买动机

（1）第一次置业自己居住。

（2）喜欢品质盘而又觉得价格较贵。

（3）对××片区区位优势的认可。

（4）朋友/亲戚/同事的大力推荐。

5.目标客户群体主要需求趋势

目标消费群体主要需求的面积主力范围80～120平方米。

四、项目形象定位

打造"特色的休闲文化社区"。通过小区的建设，利用大学城片区的教育氛围打造休闲、文化商业一条街，或也可将小区的会所建立在特色休闲商业一条街上，并同时引入泛会所概念，即所有楼层一楼全部采用4米挑空架空的方式，充分发挥全新特色休闲文化。

五、项目价格定位建议（略）

第三章　产品设计建议

略。

第四章　项目开发建议

略。

第五章　营销推广建议

略。

第二章 房地产项目产品策划

阅读提示：
　　一个项目的成功，70%取决于规划设计即产品策划，30%取决于后期的营销推广。

关键词：
产品策略
产品定位
产品策划

一、房地产产品的概念

1.房地产产品内涵

　　凡是提供给市场的能够满足消费者或用户某种需求或欲望的任何有形建筑物、土地和各种无形服务均为房地产产品。前者包括物业实体及其质量、特色、类型、品牌等；后者包括可以给消费者带来附加利益和心理上的满足感及信任感的服务、保证、物业形象、房地产开发商和销售代理商声誉等。

2.房地产产品的层级

　　房地产产品包括图2-1所示的三个层级。

　　（1）核心产品。核心产品是产品需求的核心层次，即满足顾客的基本需求和利益。本质上说，客户需求不单指房屋本身，还包括房屋所提供的安全、舒适以及所能给客户带来的家庭温暖感、亲情感、成就感等心理需求，以及房地产产品所具有的保值和增值功能等。

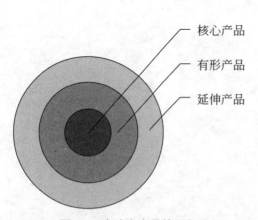

核心产品
有形产品
延伸产品

图2-1　房地产产品的层级

　　（2）有形产品。有形产品，也叫形式产品，是产品需求的物质层次，即产品的物质表现形式，是房地产核心产品的载体，是消费者可直接观察和感受到的内容。房地产有形产品包括图2-2所示的内容。

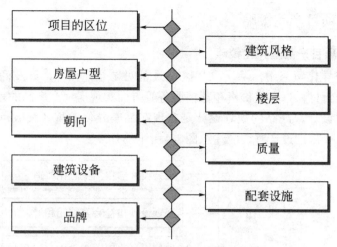

图2-2 房地产有形产品包括的内容

（3）延伸产品。延伸产品，也叫附加产品，是产品需求的外延部分，即顾客购买房地产商品过程中可以得到的各种附加服务或者利益的总和。其附着在有形产品之上，是实质产品的需求和体现，包括销售、信贷、物业管理、产品的社会形象等。

3.房地产产品的类型

房地产产品类型主要包括：居住房地产项目、商业房地产项目、工业房地产项目、特殊用途房地产项目。具体如图2-3所示。

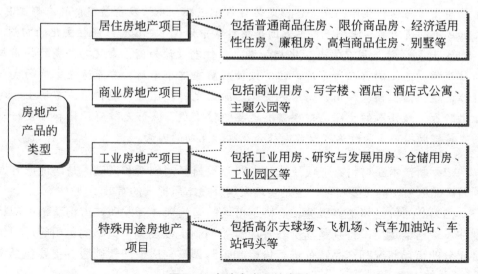

图2-3 房地产产品的类型

二、房地产项目产品策略

1.房地产项目产品差异化策略

在产品差异化策略中，除了项目区位具备明显差异化外，开发商还应从规划设计新技术、新材料、产品价格和营销服务等方面实现房地产产品的差异化策略。

（1）规划设计。产品的规划设计是实现产品差异化的重要突破点。房地产企业在对产品进行规划设计时，应注意图2-4所示的几点。

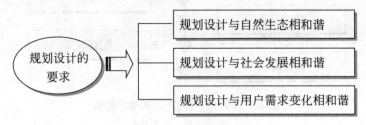

图2-4　规划设计的要求

图2-4所示说明：

① 规划设计与自然生态相和谐。与自然和谐共生的设计理念要体现在节地、节能、节材上；体现在结合地理环境、气候条件来优化设计方案上；体现在改善生态环境、亲近自然上。比如很多住宅项目都寻求亲近山水、亲近自然的生态环境。

② 规划设计与社会发展相和谐。建筑及环境不仅具有庇护的功能，还应是一个物质生活与精神生活的复合体，是体现人们思想、感情及价值观念的有形工具。比如成都的清华坊、深圳万科第五园等项目集中体现了中国传统居住文化的回归。

③ 规划设计与用户需求变化相和谐。以住宅设计为例，在住宅外壳的静止与居住生活动态之间存在着矛盾，住宅设计应解决这个矛盾，要能适应家庭的成长过程，适应居住模式和用户需求的变化。除此之外，还应体现在适应市场上。对于老龄人、残疾人的生理、心理需要也要给予重视，做好无障碍设计和方便行动的支持辅助措施。同时尽可能考虑社会交往和互助的因素。

（2）新技术新材料。现代建筑技术和建筑材料的创新和突破，是房地产开发项目产品创新中的重要一环，也是实现人居环境本质提升的有效手段。

（3）产品价格和销售服务。价格是市场的晴雨表，开发商在市场营销中应特别注重价格的运用，特别是基价与各项价差的制定以及调价策略的运用等，应结合充分的市场状况和产品特征进行价格制定与调整。房地产营销服务主要包括图2-5所示的内容。

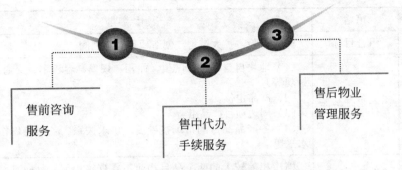

图2-5 房地产营销服务的主要内容

2.房地产项目产品组合策略

由于房地产项目存在因定位、功能、规格、档次等差异，所以产品组合及优化至关重要。

（1）不同物业类型组合。不同物业类型组合是指在城市规划许可范围内，开发商根据市场中各类物业的景气状况，政府的配套要求及项目的总体定位，按风险与利润最优匹配原则，决定各类物业开发比例。具体组合策略如表2-1所示。

表2-1 不同物业类型组合策略

序号	策略	具体说明
1	组合目标	分散风险，创造项目满意利润
2	组合限制条件	（1）所在区域的经济发展状况、产业结构状况、交通等基础设施条件 （2）地块自身条件（区位、规划用途、面积、容积率、地价水平等） （3）各类物业市场景气状况及利润水平 （4）周边业态、竞争产品组合和价格 （5）产品定位
3	组合风险提示	项目产品类型组合的形式很多，要注意发挥物业间的协同效应，避免产生消极影响

（2）相同物业类型、不同产品品目组合。每一大类物业中，又有很多不同的产品品目。如在住宅大类产品中又有别墅、多层、小高层、高层等产品品目，而别墅在建筑形态上可以分为独栋别墅、联排别墅、双拼别墅、叠拼别墅等类型。其组合策略如表2-2所示。

表2-2　相同物业类型、不同产品品目组合策略

序号	策略	具体说明
1	组合目标	分散风险，扩大销售，创造项目满意利润
2	组合限制条件	（1）地块自身条件（区位、面积、规模、容积率、交通、配套、景观等） （2）产品定位 （3）周边项目产品组合 （4）各产品品目的市场接受度、供求关系、各市场价格及利润水平等
3	组合风险提示	档次相差较大的两个品目物业不宜直接相邻，且应有相对独立的区域

三、房地产项目产品定位

1.产品定位的内涵

房地产项目的产品定位是在市场细分、客户需求分析、客户群确定的基础上，对房地产项目的主要技术参数、模式等的确定，对产品效用、产品形式、产品功能的设计与创新，最终目的是反映产品独特的市场形象。

2.产品定位的原则

房地产项目产品定位应遵循表2-3所示的原则。

表2-3　房地产项目产品定位的原则

序号	定位原则	具体说明
1	市场化原则	定位的市场化要求开发商一方面应着重分析目前市场上存在的产品、竞争对手，以及即将出现在市场上的潜在竞争项目；另一方面，需要分析购房者的特点，购房者的购买力和购买欲望是决定产品营销顺畅与否的关键。"以客户为圆心"——要求房地产开发商不能脱离市场，不能脱离客户需求
2	差异化原则	在充分分析市场的基础上，需要选择自己的产品定位，在产品主题、概念、规划设计等方面有所不同，在环境、配套、外立面、色彩、户型结构等方面有其特色
3	前瞻性原则	房地产项目定位，实质上是在现在一个静止的时点，去把握以后某一年度的特定时点的市场，是对未来生活的预测，是在考验开发商对未来市场的推理和预测能力，需要用前瞻性的思维方式进行项目定位
4	产品之间的不可替代性原则	产品之间的不可替代性，指房地产项目内部的各类产品如各类户型、楼型的不可替代性，如果产品的可替代性强，那么客户可能会因为选择某一户型或楼型而使其他户型或楼型滞销

3.产品定位的限制条件

房地产产品定位要求在各种限制条件（地形地貌、户型配比、容积率、绿地率、限高、朝向、楼间距、日照间距、单套面积等）下寻找最佳方案，还要求考虑产品是否满足市场和客户需求，因此房地产项目的产品定位存在很多的限制因素，主要包括表2-4所示的几个方面内容。

表2-4 房地产项目产品定位的限制条件

序号	限制条件	具体说明
1	土地	土地方面主要考虑： （1）土地的自然条件，如地块的面积以及周边的自然景观等。通常面积越大、形状越方正完整，产品定位的空间越大 （2）土地的使用条件，如土地的规划要求、地理位置和其他限制条件 （3）土地周围的使用现状和发展趋势 （4）土地开发的主观条件，例如是自主开发还是合建，自主开发使产品定位有了更大的空间
2	城市规划	城市规划方面主要是考虑相关城市规划的限制，例如容积率、覆盖率、建筑物高度、用途及环境等。城市中心地块的规划要求一般比较严格，在用地范围、容积率、建筑物高度甚至是建筑物的外观、外墙颜色和装饰材料等方面的限制条件较为苛刻，使得房地产产品的定位受到较大限制
3	顾客需求	顾客需求方面主要是考虑客户需求的地理位置、价格区间和产品种类。例如别墅一般考虑建在离城市较远的地方，定位于开敞的空间，优美和恬静的田园环境，满足高收入、自己配备汽车的家庭
4	资金供应	资金供应方面主要考虑是自有资金还是借贷资金，采用何种融资方式，即是采用独资、招商、集资还是贷款等手段，不同资金来源会影响到房地产产品成本的不同，会造成产品定位空间的不同
5	市场条件	市场条件主要是考虑房地产市场的发展阶段、发展水平和发展趋势，例如，市场是处于一个供方市场还是需方市场，市场是一个良性市场还是一个不正常的市场，不同的市场条件会影响房地产产品定位
6	开发商思维	房地产产品定位很容易受到开发商思维的限制，开发商对市场的把握、创新性或对项目的理解深度的不同，会在很大程度上影响房地产项目的产品定位，特别是在项目的创新性等方面

4.产品定位的方法

房地产项目产品定位的方法如图2-6所示。

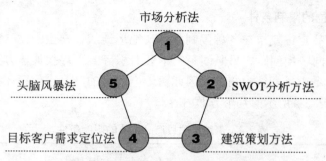

图2-6　房地产项目产品定位的方法

（1）市场分析法。房地产市场分析方法是指应用市场调查方法，对房地产项目市场环境进行数据搜集、归纳和整理，形成项目可能的产品定位方向，然后对数据进行竞争分析，利用排除、类比、补缺等方法形成项目的产品定位的方法。

其中，市场分析法中的市场调查方法包括实地调查法、问卷访问法、座谈会等。而房地产项目市场环境研究的内容如表2-5所示。

表2-5　房地产项目市场环境研究的内容

序号	研究内容	具体说明
1	外部市场环境	外部市场环境是指经济环境、政策环境等
2	竞争市场环境	竞争市场环境主要是指同类项目的开发结构、市场供应量、潜在需求量、开发规模、城市及区域价格分布规律、产品级别指数、客户来源和客户资源情况

营销利剑

竞争市场环境分析是在外部市场环境的基础上进行的市场状况研究，它的主要目的是明确项目的直接竞争市场，确定产品定位的策略。

（2）SWOT分析方法。SWOT是优势（strength）、劣势（weakness）、机会（opportunity）和威胁（threats）的合称。SWOT分析方法即对项目面临的内、外部各方面条件进行概括和总结，分析项目自身具备的优势和劣势因素、面临的外部发展机会和存在的威胁等因素，将调查出的各种因素根据轻重缓急或影响程度等排序方式，构造SWOT矩阵，以此为基础，从而得出项目解决方案。

（3）建筑策划方法。建筑策划是指根据总体规划的目标，从建筑学的角度出发，根据相关经验和规范，以实态调查为基础，经过客观分析，最终得出实现既定目标所应遵循的方法和程序。根据研究对象不同，建筑策划方法的研究领域分为第一领域和第二领域，具体如图2-7所示。

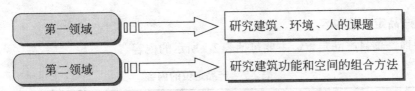

图2-7 建筑策划方法的研究领域

营销利剑

> 房地产项目产品定位的建筑策划不等同于建筑设计本身，它是在建筑设计之前，在市场调研的基础上提出的建筑设计内容，是房地产项目产品构思、概念和形象的组成部分，是产品定位的重要构成部分。

（4）目标客户需求定位法。目标客户需求定位法是指房地产开发商在物业产品定位时，根据所选定的目标市场的实际需求，开发建设出能满足他们个性化需求的产品，步骤如表2-6所示。

表2-6 目标客户需求定位法的步骤

序号	步骤	具体说明
1	确定目标市场	市场细分后，开发商要对选择进入哪些目标市场或为多少个目标市场服务做出的决策
2	目标客户特征分析	根据目标市场，分析目标群体所处的目标角色状态和追求的核心价值，确定主要目标客户的特征，包含其购买动机、欲望、需求等特征，提出相应产品定位
3	产品定位	在充分掌握目标顾客的需求特征后，需要对产品的效用、产品形式、产品功能等进行定位和创新，来反映产品独特的市场形象

（5）头脑风暴法。在房地产产品定位中，头脑风暴法是实践中经常使用的一个方法。头脑风暴法又可以分为直接头脑风暴法（头脑风暴法）和质疑头脑风暴法（反头脑风暴法）。具体如图2-8所示。

直接头脑风暴法

是指房地产专家群体决策尽可能激发创造性，产生尽可能多的设想的方法

质疑头脑风暴法

是对直接头脑风暴法提出的设想、方案逐一质疑，分析其现实可能性的方法

图2-8 头脑风暴法的分类

5.产品定位的内容

房地产项目产品定位，主要包括表2-7所示的内容。

表2-7　产品定位的内容

序号	定位内容	具体说明
1	产品结构定位	指项目选择的建筑结构和产品设计高度的类型
2	产品布局定位	指总体平面规划设计的空间布局，一般有围合形式或项目的功能分区及组团规划
3	建筑风格定位	一般包括总体风格、外立面色彩、个别单体风格提示，不同结构产品的外立面设计提示，装修标准与材料提示，无障碍设计提示等
4	住宅户型定位	主要包括户型结构、套数比例、主力户型设计提示，户型内容结构设计等
5	环艺设计定位	包括总体环艺设计理念、公共场所广场概念设计提示，各组团概念设计提示，建筑小品概念设计提示，绿化植物提示，灯光设计与背景音乐设计提示等
6	交通组织定位	包括组织原则、静态和动态交通设计
7	物业管理定位	主要包括物业管理理念与社区文化提示、服务等级、收费标准、价格等

四、房地产产品规划布局

1.规划布局的原则

（1）居住区的规划布局原则。居住区的规划布局应遵循图2-9所示的原则。

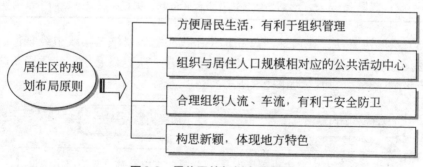

图2-9　居住区的规划布局原则

（2）居住区的空间与环境设计原则。居住区的空间与环境设计应遵循图2-10所示的原则。

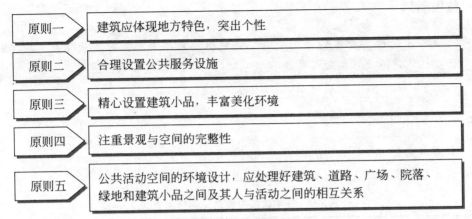

图2-10 居住区的空间与环境设计原则

2.规划布局的形式

常见的规划布局形式如表2-8所示。

表2-8 常见规划布局的形式

序号	常见形式	具体说明
1	行列式	按一定的房屋朝向和间距成排布置，大部分是南北向重复排列，其优点是每户都有好的朝向，而且施工方便，但形式的空间较为单调
2	周边式	沿街坊或院落周围布置，其优点是内部环境比较安静，土地利用率高，但其中部分住宅的通风和朝向均较差
3	混合式	采取行列式和周边式相结合的方法进行布置，可以采纳上述两种形式之长，形成半敞开式的住宅院落
4	自由式	结合地形、地貌、周围条件，不拘泥于某种固定的开式，灵活布置以取得良好的日照通风效果

3.规划布局的总体构思

房地产项目的总体构思要求如图2-11所示。

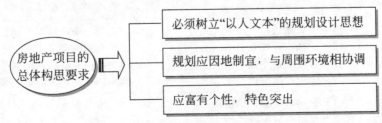

图2-11 房地产项目的总体构思要求

营销利剑

随着小区规划要求的逐渐提高，住宅区不但要有特色，进行主题性的诠释，住区内住宅组团也应尽可能有各具特色的住宅群体形态、标志。

五、房地产产品建筑选型

1.建筑类型

住宅建筑类型常见的分类方式如表2-9所示。

表2-9　住宅建筑类型常见的分类方式

序号	分类标准	具体说明
1	按建筑层次划分	分为低层建筑（单层住宅、独栋别墅、联排别墅、双拼别墅、叠拼别墅、空中别墅等）、多层住宅、高层住宅
2	按平面特点划分	分为点式住宅、条式住宅
3	按结构类型划分	分为砖混结构、框架结构、框架剪力墙结构
4	按户内空间布局划分	分为平层式、错层、复式、跃层

2.板楼和塔楼

（1）板楼。板楼的平面图上，长度明显大于宽度。板楼有两种类型，一种是长走廊式的，各住户靠长走廊连在一起；第二种是单元式拼接，若干个单元连在一起就拼成一个板楼。塔楼比较高、比较方；板楼比较矮、比较长。

（2）塔楼。塔楼的平面图特点是，一层若干户，一般多于四五户共同围绕或者环绕一组公共竖向交通通道形成的楼房平面，平面的长度和宽度大致相同。这种楼房的高度一般从12层到35层。塔楼一般是以一梯4户到一梯12户。

板楼与塔楼的优缺点对比如表2-10所示。

表2-10　板楼与塔楼的优缺点对比

序号	分类	板楼	塔楼
1	优点	（1）南北通透，便于采光通风 （2）板楼均好性强 （3）管理成本不高 （4）面积使用率很高	（1）节约土地资源，房价较低 （2）空间结构灵活，宜于改造 （3）结构强度高，抗震性好 （4）居高望远，视野开阔
2	缺点	（1）建筑密度低，房价高 （2）户型格局不宜改造	（1）均好性差 （2）面积使用率不高

六、房地产项目住宅户型设计

户型是房地产实现其功能和价值的直接载体，房地产产品创新首先表现为户型的创新，能否设计出迎合购房者需求的户型，是决定房地产开发成败的关键之一。

1.住宅功能分区

房地产项目住宅功能分区如表2-11所示。

表2-11　房地产项目住宅功能分区

序号	功能分区	具体说明
1	私密行为空间	包括主卧室、单人次卧室、客房和保姆室
2	公共行为空间	包括起居室、客厅、餐厅、过厅、工作室、健身房等
3	家庭行为空间、卫生行为空间	包括厨房、洗衣房、家务室和卫生间
4	交通空间、室外过渡空间	包括过道、走廊、户内楼梯、阳台、露台

2.住宅功能分区的原则

房地产项目住宅功能分区应遵循图2-12所示的原则。

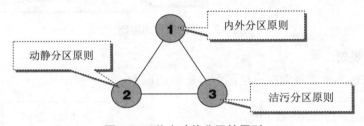

图2-12　住宅功能分区的原则

图2-12所示说明：

① 内外分区原则，是住宅内部按照使用空间的私密性程度所进行的功能分区的划分，即家庭内部活动与接待客人活动分区。

② 动静分区原则，是按照空间的使用是否需要安静，以及需要安静的程度来进行划分的。

③ 洁污分区原则，是指住宅的房间在正常使用的过程中会产生油烟、污水、臭水、垃圾等污染源，将有污染源和没有污染源的房间按清洁程度进行功能分区。

3.住宅功能分区设计的要点

房地产企业在对开发的房地产项目进行住宅功能分区设计时，应注意以下要点。

（1）综合考虑各个房间的大小、日照、采光、通风等。

（2）功能空间应满足适用、安全、卫生、舒适、经济、美观、长效的要求。

（3）卧室设计应该避开来自户内其他房间或周围邻居的视线干扰，以保证卧室的私密性。

（4）必须设置户内的室外空间——阳台，可促进室内外环境交融，发挥多功能作用。

七、房地产项目绿地与景观设计

1.绿地规划

居住区绿地率是指居住区用地范围内各类绿化用地总面积占住宅区用地总面积的比率，包括公共绿地、宅旁绿地、配套公建所所属绿地、道路绿地。

按照集中与分散相结合、点线面相结合的原则，公共绿地系统的布局必须设置一定的中心公共绿地。应坚持图2-13所示的两个原则。

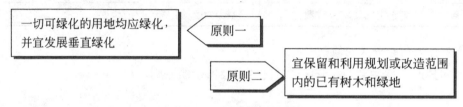

图2-13 绿地规划的原则

2.景观规划

一般来说，景观规划应遵循图2-14所示的原则。

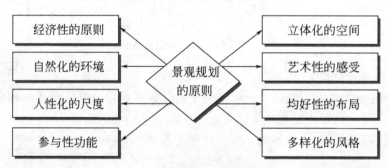

图2-14 景观规划的原则

（1）经济性的原则。由于房地产项目都是投资型，讲究的是投资回报率，所以如何在满足楼盘环境营造需要的同时节约成本，就成为各发展商最关心的问题。任何投资主体都会特别强调投入与产出的关系，力求以最经济的投入获得最大化的产出。

豪华型的景观建设投入或许能带来短暂的投资回报，但大投入往往带来大破坏，违反自然及环保原则，不符合长远的社会利益。因此未来景观设计的发展方向一定是回归自然、符合环保、绿色经济，满足人性化需要并且具备可持续发展的条件。

营销利剑

经济性的景观作品会随着社会发展的成熟越来越多，设计师的设计着眼点也会从高投入、豪华高档、复杂多样转向突出个性化的创意设计为主要方向。

（2）自然化的环境。不少发展商为满足消费者猎奇的需要，千方百计把南方树种移到北方，理由之一是北方搞不出好园林。其实这本身已违反自然性原则。植物并不都能移植，即便能移植通常也达不到原生地的种植效果，而且移植的施工成本和养护成本都比较高，也不符合经济性原则。

就植物而言，南方有南方的特色，北方有北方的特点，南北差异正好体现这个世界的多姿多彩。好的设计师是能充分利用当地的植物营造富有当地气候特点的园林景观，而不是靠一味的求奇求异来展示有限的创意。

（3）人性化的尺度。许多楼盘景观盲目追求大气、好看、气派（如大广场、大人工湖等），忽略了人们对景观不但是欣赏，而且有使用的需要。"地产景观"是为住户服务的，不能只图一时的好看、气派而忘了住户的真正需要。忽略人性化的景观不能长久，且消费者欣赏水平越来越高，更多的是强调观赏性与实用性相结合的景观。

比如，星河湾没有大广场、大湖泊，虽然水景很多，但采用的是点式水景设计，分布均匀且结合各种使用功能一起设计，投入不多，但处处是景，好看又好用，充分体现人性化设计原则。

（4）参与性功能。强调参与性也就是突出景观的实用性。地产景观与自然景观、城市景观不同，它更多的是服务于社区人群，因此景观功能只是停留于观赏是远远不够的，还应该满足人群对景观空间的参与要求。

强调参与性的功能空间能调动人的体验式乐趣，大大提升景观环境的娱乐性附加值，也充分体现景观带给人们的实用价值。

营销利剑

参与性的功能空间要注意与观赏性的审美要求相融合，避免强调功能性、突出参与性后降低了景观的观赏性要求，对景观空间产生破坏。

（5）立体化的空间。景观设计手法要多样，层次要丰富。现代景观要与传统园林手法相结合，把一个楼盘里的园林景观在适当的地方体现多种层次空间，营造不同视角、不同氛围的环境，增加楼盘景观亮点，既能促进销售，更能满足人们对立体空间的需要。

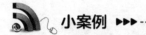 **小案例** ▶▶▶ --

　　星河湾的阳光车库就是将车库部分剖开，引入景观，成为立体式的下层式花园空间，同时满足采光、观景、通风三种效果，并且业主可以从车库直接通过步级、楼梯上到地面花园，使用极为便利。

（6）艺术性的感受。景观设计工作其本质是对人类外部活动空间的营造艺术，失去艺术性就等于对空间只破坏不建设，性质等同于对人类环境的犯罪。

艺术性并非只是景观雕塑、小品的堆砌，而是整体景观空间营造出来的一种艺术氛围，是人的感受，往往是不能用语言表达的艺术体验。

艺术性还体现在不同的地区和不同的项目，可以根据不同的文化背景、人文风情、地方特色，加入独特的文化元素，使景观设计作品更具人文艺术特色，也更有历史文化价值。

（7）均好性的布局。虽然各个楼盘因定位、投入的不同、售价的限制，还很难做到景观均好性，但这是一种发展趋势，也越来越为更多有理想的发展商所重视。一个楼盘如果只做一两个集中亮点景观，平时所能享受的住户比例是很少的。住户每天回家的过程，所能活动的空间很有限，因此最关心的还是站在阳台、窗边能看到什么景色？下楼散步10分钟能享受到什么环境？

如果楼盘景观未能做到均好性原则，楼价必然打折扣，各组团的卖价也会相差很大。同时也破坏了人们使用景观环境时的适度集中原则，很容易产生大部分地方没人去，一两个地方人太多的现象，也降低了一个楼盘整体景观环境的使用价值，这是很需要重视的问题。

（8）多样化的风格。各地楼盘各有特色，不但地域、风情、人文、族群会影响楼盘设计风格，不同层次的消费者审美观也不同，因此不能千篇一律地用一种手法去设计各地不同的项目。造景手法、设计风格多样性是"地产景观设计"必须把握的另一条重要原则。

多样化的风格是适应人居环境区域性特点、人群品位喜好不同的必然要求。

比如，不同区域就有不同的风土人情，对人居环境的风格也有不同的喜好和要求；同一区域不同的人群对人居环境也会有不同的审美需要，因此也就会有景观空间不同的风格要求；同一个项目也可以以一种风格为主线，将各种不同风格的景观元素融合在一起，达到中西合璧、异中求同、博采众长的效果。

每一个项目都会有一个鲜明的建筑风格，景观环境再突出也是绿叶，绿叶是要衬托鲜花的，虽然有时候绿叶比鲜花更重要（比如度假式酒店、公园、旅游区等项目），但建筑与景观环境的协调一致是发展总体方向。

营销利剑

有什么样的建筑风格，就要有同类风格的景观环境与之相配套，这样的项目才能成为人文景观，成为城市的亮点，也才有更长的生命力。

八、房地产项目道路设计

1.交通组织方式

小区内交通组织方式分为图2-15所示的两种方式。

方式一 人车分行

进入住宅区后步行道路与汽车道路在空间上分开，车行路周围或尽端应设置适当数量的住户停车位，在尽端型车行路的尽端应设回车场地

方式二 人车混行结合局部分行

指机动车交通和人行交通共同使用一套路网，由于人车分行针对住宅内存在较大量的私人机动车交通量的情况下的规划措施，因此结合我国国情，适用人车混行与局部分行

图2-15 交通组织方式

2.路网规划原则

小区路网规划应遵循以下原则。

（1）顺而不穿，保持居民区内居民生活的完整和舒适。

（2）分级布置，逐步衔接，保证居住区交通安全、环境安静以及居住空间领域的完整。

（3）因地制宜，使居住区的路网布局合理，建设经济。

（4）功能复合化，营造人性化的街道空间，也是营造社区文明的重要组成部分。

（5）构筑方便、系统、丰富、整体的居住区交通、空间和景观网络。

（6）应考虑居住区居民产生的交通对周边城市交通可能产生的不利影响，避免居住区的出入口靠近道路交叉口。

3.道路交通规划要求

按照居住区规划设计的理论结合相应人口规模和用地规模，将居住区道路分为四级，居住区级、居住小区级、居住组团级和宅间小路。具体要求如表2-12所示。

表2-12　道路交通规划要求

序号	规划要求	具体说明
1	居住区级道路	红线宽度一般为20～30米，山地居住区不小于15米，车行道一般需要9米，如考虑通行公交可以增加至10～14米，人行道宽度一般为2～4米
2	居住小区级道路	红线宽度一般为10～14米，车行道宽度一般为5～8米。在红线宽于12米时可以考虑设人行道，其宽度一般在1.5～2米
3	居住组团级道路	红线宽度一般在8～10米，车行道宽度要求为5～7米，大部分情况下不需要设置人行道
4	宅间小路	路幅宽度不宜小于2.5米，连接高层住宅时其宽度不宜小于3.5米

九、房地产项目配套设计

1.公共服务设施规划

住宅区的公共服务设施可分为公益性设施和营利性设施，按其服务内容，可按表2-13所示的方法进行分类。

表2-13　公共服务设施类型表

序号	分类	具体说明
1	商业设施	小型超市、菜市场、综合百货商场、旅店、饭馆、银行、邮局、储蓄所
2	教育设施	托儿所、幼儿园、小学、中学
3	文化运动设施	文化活动中心、居民运动场所
4	医疗设施	门诊所、卫生站、小型医院等
5	社区管理设施	社区活动中心、物业管理公司、街道办事处

2.市政公用设施规划

市场公用设施规划应包括以下内容。

（1）住宅区的供水，包括生活用水、公共服务设施用水、绿化用水、环境清洁用水和消防用水。

（2）排水系统，包括污水及雨水排水系统。

（3）住宅区的供电，包括建筑用电和照明用电两大类。

（4）通信系统，包括传统的电话、电视、邮政，还包括话音、数据、图像和视频通信合一的综合业务数字网和有线电视。

（5）燃气系统，住宅区的燃气设施有汽化站和调压站，而这均要求单独设置并与其他建筑物保持一定的安全距离。

（6）冷热供热系统，包括以城市热电供应系统或工业余热区锅炉房为冷热源的区域集中供应系统、以住宅区域或单栋住宅为单位建立独立的分散型集中供应系统、以用户为单位独立供应系统。

（7）环卫系统，其主要工作是垃圾的运收。

（8）工程管线综合。

3.停车设施

住宅区的集中停车一般采用建设单层或多层的停车库（包括地下）的方式。非居民的停车问题应该与居民车辆的停放采取不同的处理原则。

住宅区的停车设施建设可以根据条件和规划要求采用多种形式。

4.安全设施

居住区的安全设施一般较为常用的有对讲系统（包括可视对讲系统）设施和视频监视系统设施。这两种保安系统均由居住区的专用线或数据通信线传送信息，需要设置居住区的中央保安监控设施。

5.户外场地设施

住宅区的户外场地设施包括户外活动场地（幼儿游戏场地、儿童游戏场地、青少年活动与运动场地、老年人健身与休闲场地）、住宅院落及其中的各类活动设施（幼儿和儿童的游戏器具、青少年运动的运动器械、老年人健身器械）和配套设施（各类场所中的必要桌凳、亭廊、构架、废物箱、照明灯、矮墙和景观性小品如雕塑、喷泉等）。

6.服务管理设施

住宅区的管理设施包括社区管理机构（居委会等）和物业管理机构。规划设计中，可以将社区管理机构和物业管理机构办公场所合并考虑。

第三章 房地产项目定价策划

阅读提示：

产品价格影响着消费者的购买行为，制约着市场营销组合中其他因素的安排和企业的生存与发展。

关键词：

价格组成

商品房定价

调价策略

一、房地产价格的组成

房地产价格是指建筑物连同其占用土地在特定时间段内房产的市场价值，是房地产经济运行和资源配置最重要的调节机制。房地产价格的构成主要如表3-1所示。

表3-1 房地产价格的构成

序号	组成	具体说明
1	土地取得成本	是取得待开发用地所需支付的各项费用与税金之和，包括以下三种情况： （1）通过征收农地取得建设用地使用权。成本包括征地费用、土地使用权出让金及相关的税费等 （2）通过拆迁房屋取得建设用地使用权。成本包括房屋拆迁补偿费、安置补助费、土地使用权出让金以及相关的税费 （3）通过土地出让或转让取得建设用地使用权。成本包括购买土地的价款和在购买时应由买方缴纳的税费，如交易手续费、契税等
2	开发建设成本	（1）勘察设计和前期工程费用。包括项目建议书、可行性研究投资分析、前期策划、规划设计、水文及地质勘察、"三通一平"、工地现场施工围墙等费用项目 （2）建筑安装工程费用。指建造房屋建筑物所发生的建筑工程费用、设备采购费用和安装工程费用等 （3）基础设施建设费用。指建筑物2米以外和项目用地规划红线以内，与建筑物同步配套建设的各种管线和道路工程，包括道路、给水、排水、供电、通信、供气、供热等设施的费用 （4）公共配套设施建设费用。指居住小区内按政府批准的项目规划，要求建设不能有偿转让的各种非营利性的公共配套设施的建设费用，包括居委会、派出所、托儿所、幼儿园、公共厕所等

续表

序号	组成	具体说明
2	开发建设成本	（5）建设单位管理费用。指房地产开发企业的管理部门从立项、筹建、施工、竣工验收及缴费使用等全过程中的各项费用，包括管理人员工资、职工福利费、办公费、差旅费、折旧费、劳动保险费、绿化费、审计费等 （6）开发过程中的税费。指房地产项目在开发期间所负担的与房地产投资有关的各种税金和地方政府有关部门征收的费用。包括营业税、企业所得税、土地增值税等
3	财务成本	指房地产开发企业为筹集资金而发生的各项费用，这里的财务费用包括所有投资的利息、金融机构贷款的手续费、代理费及其他费用
4	销售费用	指房地产开发企业在销售房地产产品过程中发生的各项销售费用、销售税金及附加，以及其他销售税费等
5	开发利润	房地产开发商对开发建设项目的预期利润

二、影响房地产价格的因素

房地产价格受各种因素的影响而发生变动，要掌握房地产价格的运行规律，必须弄清影响房地产价格的因素。根据各种影响房地产价格因素自身的性质，可以将其分为图3-1所示的几种因素。

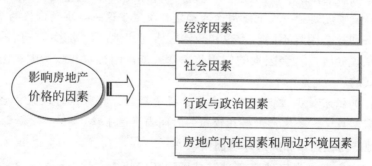

图3-1 影响房地产价格的因素

1.经济因素

影响房地产价格的因素主要是国家、地区或城市的经济发展水平、经济增长状况、产业结构、就业情况、居民收入水平、投资水平、财政收支、金融状况。

这些因素会影响房地产市场的总体供求，特别是影响需求。通常来讲，一个地区的经济发展水平越高、经济增长越快、产业结构越合理、就业率、收入水平和投资水平越高，财政收入越多、金融形势越好，房地产市场需求就越大，房地产价格总体水平也越高。反之，房地产价格总体水平越低。

比如，沿海地区与内地，北京、上海、广州、深圳等大城市与一般城市之间，房地产价格水平有较为显著的差异，这也主要是由于这些城市之间，在以上经济因素方面存在的明显差异所造成的。

2.社会因素

影响房地产价格的社会因素包括人口、家庭、城市形成历史、城市化状况、社会治安、文化与时尚等。其中，人口因素包括人口的数量、密度、结构（如文化结构、职业结构、收入水平结构等）；家庭因素指家庭数量、家庭构成状况等；文化与时尚主要指文化氛围、风俗习惯、大众心理趋势等。

社会因素对房地产价格的影响作用是相当复杂的，它的作用方式不如经济因素那样直截了当，作用过程也比较长，是一种渗透性的影响。

比如，人口密度的提高，一开始会造成房地产需求的增加，引起房地产价格上升，但发展到一定程度，则会造成生活环境恶化，有可能引起需求量减少，房地产价格下降。

3.行政与政治因素

行政因素主要是国家或地方政府在财政、税收、金融、土地、住房、城市规划与建设、交通治安、社会保障等方面的一些制度、法规、政策和行政措施。政治因素主要指政局安定程度，国与国之间的政治、军事关系等。行政和政治因素都是由国家机器来体现的，因此它对房地产价格的影响作用也比较突出。

比如，城市规划对一块土地用途的确定，决定了这一地块的价格的基本水平。

与经济和社会因素不同，行政和政治因素对房地产价格影响作用的速度相对较快，如果说经济、社会因素的作用是渐变式的，则行政和政治因素的作用可以说是突变式的。

比如，加强宏观调控，紧缩固定资产投资规模，收紧银行政策，会使所在地的房地产需求减少，房地产价格在较短的时间内迅速下跌。

4.房地产内在因素和周边环境因素

这个因素主要是指地产自身及其周边环境状态，如土地的位置、面积、形状，建筑物的外观、朝向、结构、内部格局、设备配置状况、施工质量，以及所处环境的地质、地貌、气象、水文、环境污染情况等。

首先，房地产自身的内在因素对房地产的生产成本和效用起着重大的制约作用，从而影响着房地产的价格。

比如，地价上涨，建筑材料涨价，会带来成本推进型房价上升。

其次，房地产的使用离不开其周围的环境，因此房地产周边环境的因素，也影响房地产的价格。

比如，位于公园、绿地旁边的住宅，由于其安静、空气清新、风景怡人的环境，价格往往也较高，而如果住宅紧临高速公路、机场等噪声源或垃圾处理场、臭河边等视觉、空气污染源，则价格就低。

三、商品房定价方法

房地产价格是由房地产的有用性、房地产的相对稀缺性，以及对房地产的有效需求三者相互结合而产生的，是为获得他人房地产所必须付出的代价，通常用货币来表示。

一般情况下，房地产的定价策略涉及两个方面，如图3-2所示。

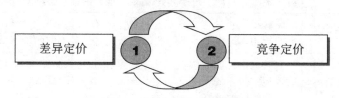

图3-2　商品房的定价策略

1. 差异定价

房地产世界色彩斑斓，产品的差异性随处可见。不同产品的差异性，形成了不同的市场价格表现。一般而言，房地产产品的定价差异可以依集合的不同分为以下两类。

（1）不同地块楼盘之间的差异。这一类差异，称之为产品的主要差异，它基本上是两个不同"房"和不同"地"之间的差异，它的变化对产品定价的影响很大，它的综合评定构成了产品价格的总体认定。这一类差异通常由表3-2所示的几个因素构成。

表3-2　构成不同地块楼盘之间差异的因素

序号	构成因素	具体说明
1	地理位置	靠近市中心，环境好，交通便捷，位置恰当，产品价格就高；若在市郊，环境不佳，交通又不便，产品价格自然就低
2	产品种类	因产品的种类不同，牵涉到用地成本不同（别墅的用地比公寓要多），建筑成本不同（钢筋混凝土结构的高层住宅楼比砖混结构的多层住宅楼的建筑成本要高），以及功能配置不同，从而造成价格上的差异。譬如，相同位置的办公楼比住宅楼贵，别墅比公寓贵
3	工程进度	工程刚刚处在打桩阶段，价格自然便宜；工程已接近收尾，价格自然高一些

序号	构成因素	具体说明
4	规划配套	社区规划完善，绿化好，环境佳，并提供专门的休闲娱乐设施，价格就高；社区规划随意，品质差，甚至连水、电、煤等基本生活配套设施也不尽如人意，价格自然就低
5	平面设计	平面设计灵活，经济实惠，符合生活时尚，价格就高；平面设计呆板，浪费不适用，功能结构落伍陈旧，价格则低
6	得房率	得房率高，实际使用面积多，价格就高；得房率低，实际使用面积少，价格就低
7	公司品牌	大公司资金雄厚，信誉好，产品各项承诺有保证，价格就高；小公司资金缺乏，施工进度和建筑品质难于保证，价格就低
8	付款方式	最轻松的付款方式一般在价格上没有折扣；一次性付款，往往有很大的折扣。习惯上，不同的付款方式对应着不同的价格折扣
9	建材装潢	有装潢的比没装潢的价格贵，装潢讲究的比装潢一般的价格贵。有的房屋定价干脆把装潢价格和产品价格分开，设定不同的装潢等级对应不同的附加价格
10	企划服务	包装精美，服务上乘，房屋价格就有上升的可能。产品说明、产品服务简单到让人们怀疑产品的品质，房屋价格就会下降

（2）同一楼盘不同单元之间的差异。这种差异是指同一地块、同一楼盘不同单元之间的差异，它是产品的次要差异。平时所说的差价系数便是指这类差异，它对产品的定价仅起到微调的作用。一般而言，这种差异由表3-3所示的几个因素构成。

表3-3　构成同一楼盘不同单元之间差异的因素

序号	构成因素	具体说明
1	朝向差异	对高层住宅而言，朝南的单元较贵，东南向、西南向的次之，朝北的则最便宜。若所有的厅和卧室都朝南，则最贵；若所有的厅和卧室都朝北，则最便宜。其他的依次类推
2	楼层差异	对六层多层住宅而言，三四层最贵，二五层次之，一六层最便宜。对高层而言，通常是由低层向高层逐渐趋贵，但最顶层便宜
3	边间差异	对公寓而言三面临空，并且三面采光的房屋最贵，两面临空两面采光的房屋次之。对别墅而言，四面临空的独栋别墅最贵，三面临空的双拼别墅次之，两面临空的连体别墅最便宜
4	景观差异	视野开阔、景观上佳的单元，如面向公园、面向市区雄伟建筑等，都较贵；视野狭窄，被许多建筑物所遮挡的单元则较便宜

续表

序号	构成因素	具体说明
5	面积差异	因面积大小而导致的差价系数的不同，往往和总价配比有关。当一个楼盘的总价范围波动很小，但因市场的需要，要求拉开总价落差的时候，就会对不同的面积单元确定不同差价系数来加以实现，以锁定不同客户的总价需求

2.竞争定价

如果说差异定价是从消费者角度对产品实际使用价值的综合比较认定，那么，竞争定价便是产品的竞争者为争取市场而对竞争对手的主动出击。

依市场竞争定价的产品，它的价格可能与产品价值不符，甚至与产品成本不符，但却与市场的需求、竞争对手的态势紧密相连，是最易为市场所接受、最为主动进取的定价方法。

一般来说，市场竞争定价在兼顾产品成本和产品价值的同时，更多的将从图3-3所示的几个因素来综合考虑。

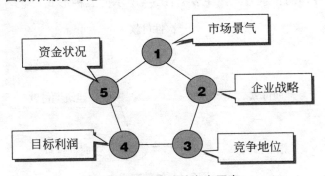

图3-3 竞争定价的考虑因素

图3-3所示说明：

① 市场景气。国家形势良好，国民经济上升，产品购销两旺，房地产的定价便提高；相反，市场低迷，有效需求不旺，则价格就走低。

② 企业战略。走长远发展路线的，价格或高或低，以企业品牌为重；短平快的项目，价格或高或低，一切以利润的实现为重。

③ 竞争地位。竞争地位垄断或优势明显，有可能获得高额利润，产品定价就高；竞争地位一般，利润空间不大，要保持一定的销售量，产品定价就低。

④ 目标利润。成本高，目标利润高，产品价格就高；成本低，目标利润低，产品的价格则低。

⑤ 资金状况。资金缺乏，或周转不畅，需要迅速成交、回笼资金的，价格就低；资金充足，周转流畅，有条件创造高额利润的，产品售价就高。

通常，人们会说，没有卖不出去的产品，只有卖不出去的价格；与之相反，也可以说，没有卖不出去的价格，只有卖不出去的产品。其实，当产品的价格与产品的价值相符合，任何一个产品所对应的价格都有它特定的市场空间；任何一个价格所对应的产品都有它特定的客户消费层。

营销利剑

产品的价格最终在市场上能否得以实现，关键在于产品的定价是否以产品本身所内涵的价值为基础，并在市场供需平衡之间寻求最大的价格实现。

四、商品房付款方式

随着房地产市场竞争的日趋激烈，各种营销手法层出不穷。付款方式作为一种相对来说较为容易修正的促销手段，正为越来越多的发展商所重视并运用。

综观各式各样的付款方式，主要有图3-4所示的五种形式。

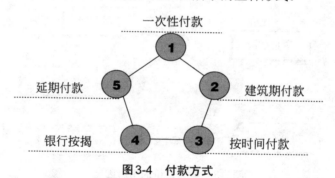

图3-4 付款方式

1.一次性付款

一次性付款是指购房者签约后，立刻将所有的购房款项一次性地付给发展商的一种付款方式。这种付款方式干脆利落，避免了后期追讨余款的诸多麻烦，并且，瞬间交纳的巨额现金又缓解了资金周转问题，是发展商最为希望的付款方式。

当然，作为一种回报，一次性付款都是有折扣的，小的九五折，大的八八折，这主要取决于该楼盘距离交房日期的远近和开发商对整个房地产市场近期涨跌的判断。交房日期远，折扣大；交房期近，折扣小。

因为钱存银行是会生利息的，一次性付款的折扣实质上是购房者所交纳巨额款项的利息返还；另一方面，若开发商对整个房地产市场前景看好，资金周转也不成问题，从追求最大利润出发，一次性付款的折扣就小，相反，其折扣就大。

从购房者角度讲，一次性付款的最大优点则在于能打不少折扣，节约不少钱，但对众多购房者来讲，一次性付款的资金压力是很大的。

2.建筑期付款

建筑期付款是指整个购房款被分成若干比例，购房者依楼宇的施工进度逐一支付的一种付款方式。

比如，签约时付房款总额的20%；工程基础完工付20%；结构封顶付30%；内外装修结束付20%；交房入住付10%。

建筑期付款是一种最为常见的付款方式。这种付款方式避免了购房者对发展商缺乏束缚的缺点，使其通过付款来监督工程的进度，是相对稳定和公正的一种办法。自然，它的价格优惠或折扣不仅少于一次性付款，而且有时甚至没有。

常见的建筑期付款不单是上面的形式，它有很多变化。一是付款比例的变化，即依工程进度前后各期所占份额的大小变化，有的楼盘签约就得付总房款的50%，有的则到结构封顶才累计交纳总房款的40%。二是作为付款依据的工程期被进一步细分或减少，有的建筑期付款为每建几个层面就得付一次款，有的建筑期付款则只有签约、结构封顶和交房入住这三个付款期。

而这一系列的变化和每种方式的确定，实质上从另一个侧面反映了发展商财务状况的优劣或市场景气的盛衰。前期付款的比例小，或是付款期类别少，则是财务宽松或销售形势见好的迹象。

3.按时间付款

按时间付款是介于一次性付款和建筑期付款中的一种付款方式。简言之，就是购房者签约后，按时间分期逐一交纳房款。

比如，首期付房款总额的20%，×个月后付房款总额的50%，再×个月后付20%，交房入住付清尾款10%。

这种付款方式类似于建筑期付款，但两者有明显的不同。按时间付款的关键在于付款进度不与工程进度实质上挂钩，因为这种方式的付款依据是时间而不是工程进度，而时间的延续并不等于工程的进度。当工程进度滞后于付款进度时，若购房者提出延期付款，从法律的角度讲是没有合同上的保证的。

有些发展商习惯于将工程进度注明在每个间隔的时间段后面，利用购房者对各个工程期的时间间隔的模糊意识，促使其按时间进度付款，以争取自己的最大利益。同时，因为按时间付款，相对于一次性付款，则没有资金上的压力，加上一些优惠或折扣，也会对购房者产生某种程度上的诱惑力。

4.银行按揭

随着房地产市场的日益发育成熟，银行按揭就作为一种诱人的付款方式，开始越来越深、越来越广地渗透到房屋预售之中来了。

一般来讲，按揭是指购房者在购房时向银行提出担保的质押文件，经银行审核通过取得房屋总价的部分贷款，依抵押约定，按期按时向银行偿还贷款本息，并提供该房地产作为偿还贷款的担保。若按约付完本息，则收回产权，若不能偿还贷款，则银行有权取得产权并予以出卖以清偿欠款。

内销房预售过去鲜有银行的按揭。1995年以来，不仅有了许多银行的商业性贷款，而且还有具有福利性质的公积金贷款。购房者可根据自己的资金承受能力，选择相应的贷款比例和贷款年限。取得按揭的购房者在付清一定比例的前期款项后，按月分期交纳贷款本息，最大程度上减轻了付款压力。

同时，更多的人也会惊喜地发现，通过银行按揭他们可以购买自己原先所无法想象的房屋。相应的，这也意味着发展商扩大了自己产品的客源层，销售率立刻提高，资金迅速回笼。另外，因为有银行方面的审核认可，对楼盘营建的风险担忧一扫而空，购房者则可省去许多这方面的烦恼。

营销利剑

按揭付款是发展商、购房者、银行三方利益均涉及的一种付款方式，是普通居民得以购房的途径，也是商品房市场成熟的表现和促进剂。

5.延期付款

延期付款，也就是平日里房产广告所称的"发展商贷款"。它是指购房者交纳一定比例的前期款项，在交房入住（也可能从交房之前开始）以后的若干年中，按月分期付清剩余款项于发展商。

严格地说，延期付款在交房入住前交纳应该是建筑期付款，在交房入住后才交纳为发展商贷款。为应付市场的不景气，近日有的"发展商贷款"的期限甚至高达四五年，付款利率甚至一概不计。对购房者来讲，这已不是减轻付款压力，而是变相减价的一种暗示。

对发展商而言，采纳延期付款，一种可能是发展商实力雄厚，延期付款作为一种强劲的营销手段，迅猛出击，以掠夺市场；另一种可能是发展商已为强弩之末，延期付款为其拼死一搏，以尽快地售出积压房屋。当然，有的延期付款利率并不低，发展商是将其作为一种非主要的促销工具并列于其他付款方式之中。

必须指出的是，延期付款不同于银行贷款，它只是发生于发展商和购房者之间，并没有银行的介入。虽然有按揭的某些形式，实质上是建筑付款在交房后的付款延续，是房地产竞争白热化的产物。

营销利剑

作为发展商，总是希望以最小的利润损失、最迅速的付款方式来吸引购房者，提高成交率。但最后起决定作用的依旧是市场，它促使发展商以最大的退让、最适合的方式、最多样的选择来服务于市场。

五、新推楼盘的开价策略

投资获利是每一个发展商最为关心的事，价格策略自然是重中之重。由于房地产市场的瞬息万变，整体的书面价格计划或是得不到全面的贯彻，或是完全流于形式，而开盘定价是计划与市场的最先接洽点，是日后进行价格修正的实践基准，它的拟定总是会得到比较彻底的执行。

因此，在整个价格策略中，开盘定价是第一步，也是最为关键的一步。事实证明，好的开端往往也意味着成功了一半。

1.低价开盘

低价开盘是指楼盘在第一次面对消费者时，以低于市场行情的价格公开销售。

（1）低价开盘的优势。低价开盘具有图3-5所示的优势。

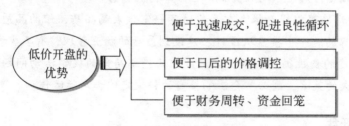

图3-5　低价开盘的优势

图3-5所示说明：

① 便于迅速成交，促进良性循环。以低于行情的价格开盘，肯定能吸引相当一部分客户的注意。当他们在对产品进行了解、确认事实后，便很容易成交。而开盘不久的迅速成交，不但意味着企业创利的开始，而且还能促进士气，提高销售人员乃至全体员工的自信心，以更好的精神状态开展日后的工作。此外，大量的客户来访，即便不成交，也会营造现场的热闹气氛，创造楼盘良好形象。

② 便于日后的价格调控。低价开盘，价格的主动权在发展商手里，当市场反应热烈，可以逐步提升价格，形成价升热销的良好局面；当市场反应平平，则可以维持低价优势，在保持一定成交量的情况下，静观市场的反应。

③ 便于财务周转、资金回笼。有成交便有资金流入，公司运转才能形成良性

的循环。特别是销售不景气的时候，小亏总比大亏好，不盈利也是赚，与其守着价位让银行利息来吞噬，不如自己果断断臂寻求生机。贴面利润高，实际销售不畅的呆滞局面只能是计划经济的产物。

（2）低价开盘的劣势。低价开盘具有图3-6所示的劣势。

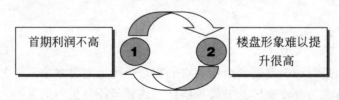

图3-6　低价开盘的劣势

图3-6所示说明：

① 首期利润不高。低于市场行情的售价往往首期利润不高，有的甚至没有利润。但发展商如果因此将主要利润的获取寄希望于后续调价时，也应谨慎从事。因为低价开盘后，如果价格调控不好，譬如单价升幅过大，或者升幅节奏过快，都可能对后续进场的客户造成一种阻力，从而造成销售的呆滞局面，不但让原先设定的利润期望值落空，而且会抵消已经取得的销售佳绩。

② 楼盘形象难以提升很高。高价位不一定代表高品质，但高品质是一定需要高价位来支撑的。一个楼盘从设计、建设到最后的物业管理，有多少资金来润滑，便有多大程度的良性循环。低价开盘，作为一个局部的促销活动问题不大，但若作为一项长久的策略，则必然会影响楼盘的档次定位和实际运作。

2.高价开盘

高价开盘是指楼盘第一次面对消费者时，以高于市场行情的价格公开销售。若一个楼盘面临的是图3-7所示的一个或多个的情况，采取高价面世策略多半是源于一些非销售因素的考虑。

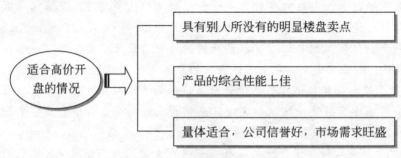

图3-7　适合高价开盘的情况

（1）具有别人所没有的明显楼盘卖点。楼盘卖点也称楼盘特色，是指别人没有你却拥有的在产品或服务方面的特别之处，并且它容易为客户所接受。

比如，有最先进、最合理、最为经济的户型设计；有别人所没有的轻松付款方式——20%房款的三年免息付款；有其他楼盘所没有的产品配置——到户纯水供应系统、社区俱乐部等；甚至包装精美也是一种特色，在好的企划广告公司配合下，售楼处布置得很有创意，样板房装修得有艺术格调。

这样的楼盘领导产品新潮，率先突破市场思维格局，容易给客户以最新的购买享受，即便定价较高，也会受到大家热烈欢迎。

（2）产品的综合性能上佳。高价格多半是对应着高品质，质量与价格相一致，是制定价格策略的根本所在。当楼盘没有什么特别的优势点时，只要地点、规划、户型、服务等产品的综合性能为客户所接受，它所提供的产品品质与客户所能接受的心理价位相符，甚至略高，则也能高价开盘。

（3）量体适合，公司信誉好，市场需求旺盛

比如，建筑面积在2万平方米以内的楼盘（以100平方米／套计算，大约200套单元左右），房屋价格又属于7000元／平方米这个层次的，估计市场销售的持续时间不会很长，则基本上可以认定为量体适合。

这样的楼盘，如果又是知名公司投资建设的，市场需求也不是很低迷，高价开盘完全有它的市场基础。

和低价开盘相比，高价开盘的利弊正好与之相反，其主要特点如图3-8所示。

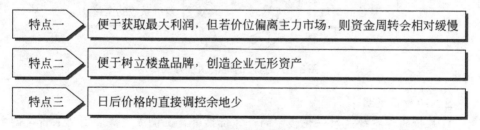

图3-8 高价开盘的特点

六、营销价格的调整策略

在营销组合中，价格调整是最为便捷、最为有效的一种手段。房地产商品同样也不例外，特别是在尚未成熟的市场，各种营销手法的80%～90%都是在价格上做文章。因此，仔细分析房地产价格调整的实质和方法，是进行营销决策的必要前提。

一般来说，营销价格的调整策略有图3-9所示的几种。

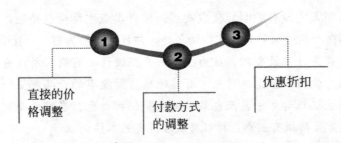

图3-9 营销价格的调整策略

1.直接的价格调整

直接的价格调整就是对房屋价格的直接上升或下降进行的调整，它给客户提供的信息是最直观明了的。一般来说，价格上调，是说明物有所值，买气旺盛。对于这样的正面消息，发展商是最希望客户尽快了解的。

所以往往进行大张旗鼓的宣传，并由此暗示今后价格上升的趋势，以吸引更多的买家尽快入场；与此相反，价格的下调，则说明产品有这样或那样的缺陷，不为买家所看好，或者是经济低迷，整个市场不景气。

应该说，除非万不得已，房地产发展商通常是不会直接宣布其楼盘价格的下调的，而是通过其他方式间接让客户感受价格下挫的优惠，以维护其正面形象。

直接的价格调整有图3-10所示的两种方式。

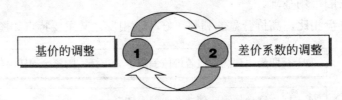

图3-10 直接的价格调整方式

图3-10所示说明：

① 基价的调整就是对一栋楼宇的计算价格进行上调或下降。因为基价是制定所有单元价格的计算基础，所以，基价的调整便意味着所有单元的价格都一起参与调整。这样的调整，每套单元的调整方向和调整幅度都是一致的，是产品对市场总体趋势的统一应对。

② 差价系数的调整就是要求我们根据实际销售的具体情况，对原先所设定的差价体系进行修正，将好卖单元的差价系数再调高一点，不好卖单元的差价系数再调低一点，以均匀各种类型单元的销售比例，适应市场对不同产品需求的强弱反应。

差价系数的调整是我们经常应用的主要调价手段之一。有时候，一个楼盘的价格差价系数可以在一个月内调整近十次，以适应销售情况的不断变化，自然，这需要一个完善的决策机制与之相配套。

2.付款方式的调整

付款方式本来就是房价在时间上的一种折让，它对价格的调整是较为隐蔽的。分析付款方式的构成要件，可以发现，付款方式的付款时段的确定和划分、每个付款时段的款项比例的分配、各种期限的贷款利息高低的斟酌是付款方式的三大要件，而付款方式对价格的调整也就是通过图3-11所示的三大要件的调整来实现的。

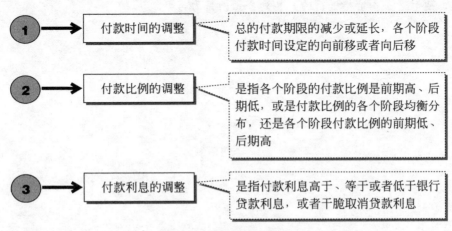

图3-11　付款方式的调整

3.优惠折扣

优惠折扣是指在限定的时间范围内，配合整体促销活动计划，通过赠送、折让等方式对客户的购买行为进行直接刺激的一种方法。

优惠折扣通常会活跃销售气氛，进行销售调剂，但更多的时候是抛开价格体系的直接让利行为。优惠折扣和付款方式一样，有多种多样的形式。

比如，一个星期内的限时折扣，买房送空调、送冰箱或者送书房、送储藏室（指相当于一个书房或储藏室的建筑面积），购房抽奖活动等。

优惠折扣要做得好，应该注意以下三点。

（1）要让客户确实感受到是在让利，而不是一种促销噱头。

比如，许多销售商总喜欢拿出一套最差的房屋做广告户，将它的价格压到成本以内、行情以下，大力宣传，以此招徕客户。实践结果是适得其反，匆匆而来的客户大呼受骗上当，销售率反而持续下滑。

（2）优惠折扣所让的利应该切合客户的实际需求，只有这样才便于促进销售。

比如，买了房屋要装修，提供免费装修或送家具是最为合适的。又如有些客户，对物业管理费特别敏感，提供两年免物业管理费的优惠也是很恰当的。

（3）不要与其他竞争楼盘的优惠折扣相类似也是一条基本准则。

邯郸学步，终究没有好的结局。其实，优惠折扣在形式上的缤纷多彩也给我们标新立异提供了可能。

营销利剑

　　价格调整是在房地产基本价格制定后，企业根据市场需求和产销具体情况，随时对基本价格进行的一系列修正的行为。

第四章 房地产项目形象策划

阅读提示：
　　现在的企业越来越注重它的形象，一个好的形象对企业的经营和品牌都有更好的影响。

关键词：
售楼处包装
样板房包装
楼书设计

一、房地产项目形象策划的概念

　　房地产项目形象策划包括广义与狭义两个方面。广义的形象策划包含了广告策划的部分内容，本章所指的形象策划指其狭义的方面，主要包括销售现场、样板房、楼书和模型形象及工地现场形象等方面。

二、售楼处的包装

　　售楼处从字面意思解释就是销售楼盘的场所，售楼处作为楼盘形象展示的主要场所，不仅仅是接待、洽谈业务的地方，还是现场广告宣传的主要工具，通常也是实际的交易地点。因此，作为直接影响客户第一视觉效果的售楼处设计，一定要形象突出，体现楼盘特色，同时能激发客户的良好心理感受，增强购买欲望。

　　对售楼处的包装，可从图4-1所示的几个方面来着手。

图4-1　售楼处的包装要素

1.位置选择

开发商应该在项目现场设置售楼处，或者设置楼盘会所，或者建造独立销售展示中心，位置要求交通方便、停车方便、显眼等。

2.导示系统

分为外部导示系统和内部导示系统。外部指周围一定范围内的交通干道上设置售楼导示。内部导示系统主要指项目总体布局、楼宇栋号与朝向、停车场、样板房和洗手间位置等。

3.功能分区

售楼处应包括辐射区、迎宾区、模型区、洽谈区、签约区、展示区、工作区、财务区、吧台区、休闲区等功能区。

4.装修风格

售楼处的建筑立面和建筑风格应该根据项目定位及目标客户的特点而定，同时必须要与项目的整体建筑风格一致。

5.销售氛围

通过营造售楼处的氛围可以达到吸引消费者、留住消费者、增加人气、促进销售的目的。

比如，提供一些漂亮的糖果及玩具等使得有孩子的客户能够逗留长点时间；售楼处设置飞镖等小游戏来吸引年轻人；有些悬挂一些项目实施过程不同照片、不同角度情景照片吸引客户等。

6.人员形象

任何氛围的营造也比不上销售人员的热情、耐心、亲切和细心的接待与服务。销售人员必须对自己的产品了如指掌。

比如，从规划布局到建筑风格、从户型结构到共建配套、从政策法规到按揭利息、从施工现场到物业管理、从自身项目到周边项目等，都要熟记于心，能为客户详细解说。

三、样板房的包装

样板房是商品房的一个包装，也是购房者装修效果的参照实例，是一个楼盘的脸面，其好坏直接影响房子的销售。

1.样板房选择

样板房应设置在朝向最好、景观最美的位置，尽量接近销售中心。样板房不必选择项目中户型最好的房源，一定不能选择户型、朝向等最差的房源，通常选择品质中等的房源。

2.样板房装修风格

样板房的装修风格应该与售楼处的风格一致，都要根据项目的定位及目标客户的情况来确定。通常客厅、主卧、书房是男性客户关注的重点；而厨房、卫生间、梳妆台是女性关注的重点。

3.样板房的管理

如白天也要开灯，让每一个房间都给人明亮的感觉；夏天开空调，给客户凉快的感觉；样板房内不能拍照，以免使正在参观的客户感觉没有受到尊重。

四、楼盘标识系统的设计

房地产住宅项目的标识标牌，从一开始就被赋予了不同寻常的作用与意义。由于房地产住宅项目是需要通过销售而实现项目的利润，因此，在房地产住宅项目的开发中，标识与标牌也都需要为销售的最终完成而起到重要作用，与其他标识标牌的应用相比，房地产住宅项目更具有浓厚的实用主义与现代主义色彩。

1.标识系统的分类

具体来说，标识标牌在房地产住宅项目中的应用系统可以按照表4-1所示的类别划分。

表4-1 标识系统的分类

序号	分类	具体说明
1	项目形象类	包括房地产项目与开发企业的中英文名称、LOGO、形象墙等
2	销售道具类	包括售楼处与样板房标识标牌
3	道路导引类	包括社区大门、车辆与行人、交通次序等标识标牌
4	服务指示类	包括标明物业管理、社区服务点、社区公园、停车场、VIP会所等方位、方向的标识标牌
5	内部说明类	包括社区内部的VIP会所、休闲公园、地下停车场等子社区机构的导引、指示、解说系统标识标牌
6	楼栋号码类	包括栋号及栋号指引等标识标牌
7	安全警示类	包括在社区内部的道路交叉口、溪流河边、假山树丛、草地花圃、电力设施、照明供水、围墙边界以及一般人员不能随意进出的场所等处设置的标识标牌

2.标识系统设计原则

标识系统设计要遵循图4-2所示的原则。

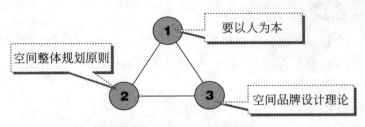

图4-2　标识系统设计原则

（1）要以人为本。"以人为本"是房地产标识系统设计的基本原则，关切的应该是房地产受众人群的需求和利益，站在受众群体的立场上去设计、去完善。

（2）空间整体规划原则。房地产标识系统工程首先是一项空间序列和流程的系统规划工作。对空间流程和空间规划理论的理解决定着系统的设计水平。站在空间的高度来整体设计，首先能保证系统的科学性、功能性的实现。同时标识系统是一项复杂的工程学，设计师要结合人体工程学、美学、建筑学等来思考设计。

（3）空间品牌设计理论。房地产标识系统工程其次是一项空间品牌的设计和开发工作。将平面图形品牌开发理论注入地域空间，在国外也称呼为环境图形设计、建筑首饰（空间环境艺术设计）。空间品牌设计概念开发延展和提升了传统平面品牌设计的外延和内涵。

营销利剑

在设计房地产标识系统时要结合周围环境及实施风格来设计，才能做到与自然环境的协调统一，让房地产标识系统真正做到"此时无声胜有声"。

五、楼盘模型设计

房地产销售中，常用来展示楼盘的方法就是采用房地产沙盘模型，好的沙盘模型可以提升企业的形象，为企业带来更多的客户流量。

1.区域模型

区域模型反映项目所在区段周边的地理环境与配套情况。由于范围较大，需要在色彩与表现形式上突出本楼盘的形象，如采用文字对项目有利的服务设施、道路及景观标示出来以增加客户对模型的识别能力；对楼盘高度和尺寸适当放大以缩小与周边配套的距离感。

2.楼盘模型

楼盘模型主要针对项目内部的总体布局、景观环境、配套设施等，要求做工精细，建筑细部表现完整。

3.户型模型

由于尺寸较小，一般为1∶30，因此不要求室内布置面面俱到，可以做一些适当的简化，家具设备等尺寸缩小，以增加房间的空间宽阔感。

六、售楼书的设计

售楼书是由房地产开发商或者房产销售公司制作的，向不特定的公众发送的关于房屋情况的一种宣传资料，多数是在房屋尚未建成、预售阶段对外发行的。

1.售楼书的内容

售楼书应该包括表4-2所示的内容。

表4-2 售楼书的内容

序号	内容	具体说明
1	楼盘概况	包括占地面积、建筑面积、公共建筑面积、建筑覆盖率、容积率、绿化率、物业座数、层数、车位数、建筑结构、开发商、发展商、施工单位、物业管理公司等
2	位置交通	包括楼盘所处具体位置图、交通路线图、交通情况等
3	周边环境	包括自然环境、人文环境、景观环境等
4	配套设施	包括学校、幼儿园、医院、菜场、超市、饭店、娱乐设施等
5	规划设计	包括规划设计单位、规划设计理念、规划设计特点、建筑风格、环艺绿化风格等
6	户型	包括户型特色、户型优点尽情展示
7	会所	包括会所功能、会所设计理念、会所服务等
8	物业管理	即楼盘的售后服务，物业管理公司背景、物业管理内容、物业管理特色
9	价格	由于价格是经常变动的，可以活页的形式附在后面

2.楼书策划的注意事项

楼书策划时应注意图4-3所示的事项。

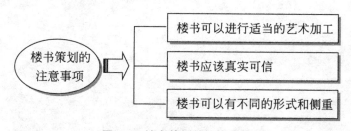

图4-3 楼书策划的注意事项

七、施工现场形象

工地形象代表施工管理水平和实力，而施工企业的管理水平与实力又影响着工程质量；因此工地形象对消费者的购买信心具有一定的影响。

工地形象体现在图4-4所示的三个方面。

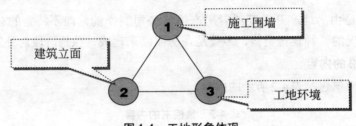

图4-4　工地形象体现

第五章　房地产项目广告策划

阅读提示：

　　房地产广告策划不但是建造与销售的桥梁，更是楼房品质的具体延伸。通过广告，可以更好地把产品推广出去。

关键词：
广告主题
广告诉求
广告媒体

一、广告策划的目标

　　广告策划的目标，就是广告所达到的目的，是指在一定时间段内，对特定的目标消费者所要完成的沟通任务和销售目标。确定广告目标是进行房地产广告策划的第一步，广告目标是广告主题、文案创作、版面设计、预算制定、媒体选择、效果评价等工作的依据。

1.广告目标的类型

　　广告策划的目标，分为图5-1所示的三种类型。

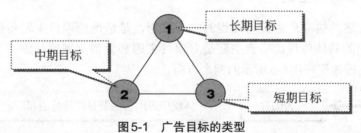

图5-1　广告目标的类型

　　图5-1所示说明：

　　① 长期目标。由于房地产企业以盈利为目的，因此房地产广告的最终目的都是为了扩大产品的销售、获取更大的利润。

　　② 中期目标。房地产广告在不同的销售阶段具有不同的目标。在初期，一般以扩大知名度为目标，在销售持续期，一般以巩固项目形象和扩大产品销售量为目标，尾盘以快速实现销售为目标。

　　③短期目标。房地产广告最直接的目标就是要把客户吸引到销售现场。

2.确定广告目标的原则

房地产企业在确定广告目标时，要遵循图5-2所示原则。

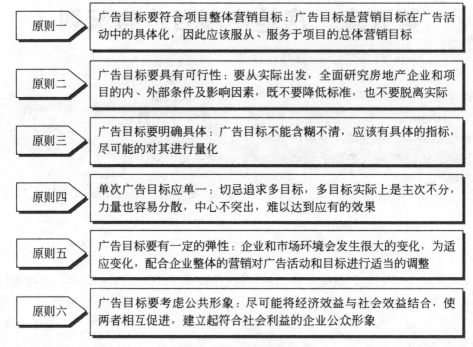

原则一 | 广告目标要符合项目整体营销目标：广告目标是营销目标在广告活动中的具体化，因此应该服从、服务于项目的总体营销目标

原则二 | 广告目标要具有可行性：要从实际出发，全面研究房地产企业和项目的内、外部条件及影响因素，既不要降低标准，也不要脱离实际

原则三 | 广告目标要明确具体：广告目标不能含糊不清，应该有具体的指标，尽可能的对其进行量化

原则四 | 单次广告目标应单一：切忌追求多目标，多目标实际上是主次不分，力量也容易分散，中心不突出，难以达到应有的效果

原则五 | 广告目标要有一定的弹性：企业和市场环境会发生很大的变化，为适应变化，配合企业整体的营销对广告活动和目标进行适当的调整

原则六 | 广告目标要考虑公共形象：尽可能将经济效益与社会效益结合，使两者相互促进，建立起符合社会利益的企业公众形象

图5-2　确定广告目标的原则

二、广告策划的主题

广告主题是贯穿广告活动过程的中心思想，是房地产项目主题和营销主题在广告活动中的具体体现，广告主题是对项目主题和营销主题的辅佐和支持。房地产广告的主题体现在图5-3所示的两个方面。

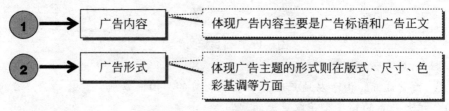

1 广告内容 体现广告内容主要是广告标语和广告正文

2 广告形式 体现广告主题的形式则在版式、尺寸、色彩基调等方面

图5-3　广告主题的体现形式

房地产广告主题众多，形式多样，有些侧重于务实的主题，有的则比较务虚。为达到一气呵成的宣传效果，广告主题与广告风格应该具有一定的连贯性和一致性，最好采用系列广告的表现形式。

策划房地产系列广告应按图5-4所示的要求。

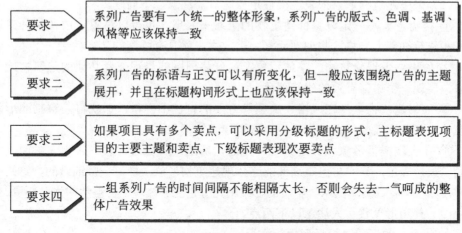

要求一	系列广告要有一个统一的整体形象，系列广告的版式、色调、基调、风格等应该保持一致
要求二	系列广告的标语与正文可以有所变化，但一般应该围绕广告的主题展开，并且在标题构词形式上也应该保持一致
要求三	如果项目具有多个卖点，可以采用分级标题的形式，主标题表现项目的主要主题和卖点，下级标题表现次要卖点
要求四	一组系列广告的时间间隔不能相隔太长，否则会失去一气呵成的整体广告效果

图5-4 策划系列广告的要求

三、广告策划的诉求

广告诉求是指广告要告诉受众的是什么，是广告的切入点，是对广告卖点的提炼与深化。分为理性诉求和感性诉求。具体如图5-5所示。

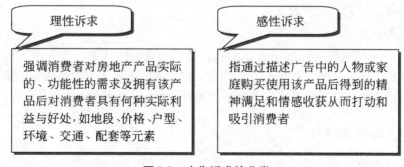

| 理性诉求 | 感性诉求 |
| 强调消费者对房地产产品实际的、功能性的需求及拥有该产品后对消费者具有何种实际利益与好处，如地段、价格、户型、环境、交通、配套等元素 | 指通过描述广告中的人物或家庭购买使用该产品后得到的精神满足和情感收获从而打动和吸引消费者 |

图5-5 广告诉求的分类

四、广告策划的内容

一份完整的房地产广告所要表现的内容包括企业或项目名称、项目概况、售楼信息、楼盘形象、广告标语、广告正文、开盘、促销等其他活动的信息。企业或项目的名称通常还包括企业和项目的标识。项目概况主要包括开发商、发展商、设计单位、施工单位、策划推广机构、项目位置等信息。售楼信息主要包括项目地址和销售电话等。占据版面中心位置的是楼盘形象或者广告标语和广告正文。

1.楼盘形象

（1）采用建筑物形象来表现楼盘形象时，需注意以下问题。

① 楼盘形象不一定以整栋建筑物的全貌来表现，也可以将重点放在某种建筑符号和建筑细部上，将这些细部元素突出放大，就具有强烈的艺术效果。

② 如果要表现建筑物的整体形象，最好将周围的景观或者其他的建筑物结合起来，展现一个错落有致的建筑群落。

③ 如果建筑物本身在风格、造型等方面的特色不明显，那就将建筑物的形象放在一个相对次要的位置，甚至可以取消建筑物形象。

④ 在表现楼盘形象尤其是景观环境时，房地产广告通常喜欢采用大画面、大视角、大片绿色，其实与建筑细部能够体现建筑物形象一样，一些细微的、鲜活的细节，如一朵花、一滴露水、早晨的一缕阳光等也能够体现生机盎然的优美环境。

（2）使用形象代言人注意以下两点。

① 代言人的形象与楼盘形象相吻合。

② 要注意控制成本和风险。

2.广告标语

广告标语是整个房地产广告文案的精华，能够起到概括和提示广告内容，突出产品的特殊优势，吸引消费者购买兴趣的作用。由于广告标语字数不多、语言简练，因此主要来反映项目最重要的优势，一个项目即使有很多优势，一般也只选择其中最重要的一个来表现。

3.广告正文

广告正文是对广告标题所表现的项目特色与优势进行进一步介绍、说明、解释和实证的文字。一则广告所包含的内容不能太多，否则不仅将造成版面拥挤，使广告宣传的重点不够突出；而且会降低读者的兴趣与注意力，影响总体宣传效果。

五、广告发布的媒体

1.媒体类型

房地产企业发布广告时，可选择的媒体如图5-6所示。

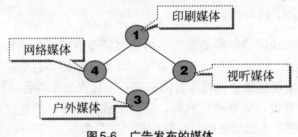

图5-6 广告发布的媒体

（1）印刷媒体。印刷媒体分为报纸广告、杂志广告、传单海报三种，其优劣势对比如表5-1所示。

表5-1 三种印刷媒体的优缺点

对比	报纸广告	杂志广告	传单海报
优点	（1）发行量大，覆盖面广 （2）报纸发行具有明确的地域性 （3）信息传播速度快，实效性强 （4）信息量大，图文并茂，符合房地产产品的信息传递特点 （5）方便客户上班时间咨询 （6）报纸方便携带，便于保存 （7）报纸通常每日出版，易于发展系列广告	（1）目标客户单一，针对性强，尤其适合目标客户单一的高端项目 （2）印刷精美，制作水平高，对读者有较强吸引力 （3）信息量大，广告寿命长 （4）具有收藏和反复阅读性	（1）费用低廉 （2）通过人员散发，广告触及面广
缺点	（1）广告时效短 （2）广告成本相对较高 （3）受《广告法》限制，部分广告手段及广告内容不能表现 （4）与楼书相比，图文信息量不足 （5）印刷质量较差	（1）广告周期长，时效性差 （2）读者群体比较单一，尤其是专业杂志	（1）具有一定的强迫性，容易引起客户反感 （2）客户的重视度不够，往往一拿到手就扔掉

（2）视听媒体。视听媒体有电视广告和电台广告两种，两种视听媒体的优缺点具体如表5-2所示。

表5-2 两种视听媒体的优缺点

对比	电视广告	电台广告
优点	（1）广告覆盖面广，信息不受时空限制，诉求能力强 （2）具有视听双重功能 （3）广告选择性强	（1）信息传播迅速、及时 （2）广告内容灵活性高 （3）广告选择性强，可在不同时期和时间段播出 （4）制作简单，费用低廉
缺点	（1）广告时间短 （2）广告费用高 （3）广告信息少	（1）信息很难保留 （2）信息量少 （3）表现形式少，缺乏视觉冲击

（3）户外媒体。户外媒体包括路牌、灯箱、条幅、车厢及飞行物等，一般布置在城市主要交通路口、人流汇集地、产品所在地及大型建筑物等处。

户外广告的优缺点如图5-7所示。

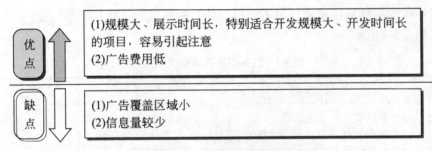

图5-7　户外媒体的优缺点

（4）网络媒体。网络媒体的优缺点如图5-8所示。

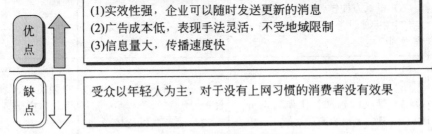

图5-8　网络媒体的优缺点

2.媒体的选择

（1）媒体选择应具有针对性。房地产企业在选择媒体发布广告前，应研究产品的特点，根据消费者的习惯及消费者心理特征进行选择。

据调查，阅读报纸的男性超过女性的一倍，而影视广告对女性的影响更大，因此根据女性消费者的消费心理，将电视广告主要集中在感性诉求方面，而将报纸广告集中在理性诉求方面。网络媒体主要针对上网的白领中青年为主。

（2）媒体应该综合运用。各种广告媒体各有特色，要取得更好的广告效果，应该综合运用各类媒体的推广渠道，使得在一个特定的广告时间段内给目标客户轮番的信息宣传。

六、广告发布的节奏

广告发布需要掌握一定的节奏，一般来说，有以下图5-9所示四种方式可供选择。

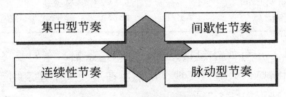

图5-9　广告发布的节奏

1.集中型节奏

集中型节奏是指广告主要集中于一段时间发布，在短时间内形成强大的广告攻势。其优点是可以在短时间内就能给消费者强烈而有效的刺激。但如果广告未能达到预期效果则很难进行补救，因此时机选择非常重要，如项目开盘、结构结顶和项目竣工等节点就非常合适。

2.连续性节奏

连续性节奏是指在一定的时期内连续均匀安排广告的发布，使项目广告反复在目标市场上出现，以达到逐步加深消费者印象的节奏形式。其优点是能够不断刺激消费者，但由于广告费用有限，可能无法维持大规模、长时间的广告攻势。

3.间歇性节奏

间歇性节奏是指间断进行广告发布的方式，跟连续广告节奏的区别在于广告间隔的时间不是均匀分布的。

4.脉动型节奏

脉动型节奏是连续性和间歇性的综合，即在一段时间内不断保持广告的发布，又在其中某些时机加大发布的力度，形成广告攻势的形式。

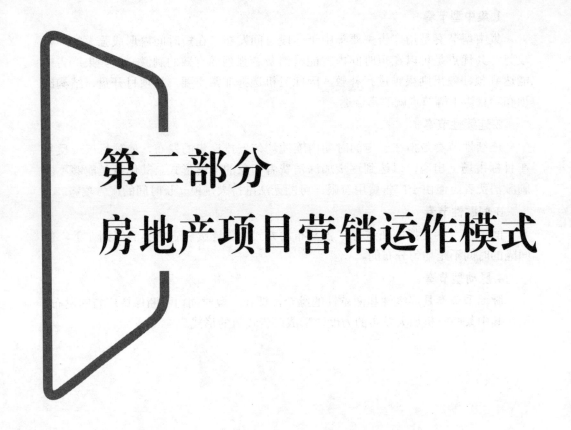

第二部分
房地产项目营销运作模式

近几年，随着房地产市场的迅猛崛起，房地产营销模式也随之发生快速转变。以前那种靠开发商独自跑项目、跑贷款、跑销售，凭感觉定位楼盘，事后策划的简单化经营模式的时代已经过去，取而代之的是全新的全程营销模式和理念。

第六章 销售代理模式

阅读提示：
　　房地产企业将销售工作交由代理公司完成，可以整合业界优势资源，在竞争中占领有利的位置。

关键词：
销售代理模式
代理商考察
合作事项

一、选择销售代理的好处

　　销售代理是在签订合同的基础上，为委托人销售某些特定产品或全部产品的代理商，对价格、条款及其他交易条件可全权处理。

　　选择代理商的优势有以下图6-1所示几个方面。

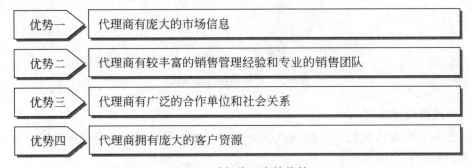

图6-1　选择代理商的优势

1.代理商有庞大的市场信息

　　代理商在操盘时，市场部会去调查市场竞品楼盘，做调查问卷，成立信息库，通过信息库比较准确地分析潜在客户的购房意向，对项目开发的产品类型、户型选择、市场定位、定价等有很大的作用。

2.代理商有较丰富的销售管理经验和专业的销售团队

　　成熟的代理商对销售团队有一套系统的执行标准，从而保证销售团队的专业性。其代理楼盘的业务量也相对稳定，以确保其公司员工就业充分，收入稳定，销售团队才得以稳定。

3. 代理商有广泛的合作单位和社会关系

代理商有越多的操盘经验，也就有越多的社会关系。在操盘过程中会跟政府相关部门、建筑商、广告商、模型制造单位等多个行业打交道，可以通过这些资源为开发商寻找更好的合作伙伴，提升代理商自己的附加值。

4. 代理商拥有庞大的客户资源

代理商在以往的操盘和正在操盘的项目，有大量未成交的购房者信息，如代理一个新项目有效运用此资源，会加速销售速度，开发商也就加快了资金回笼，降低管理成本，减少信息支出，时间成本，时间就是金钱。开发商选择和代理商合作，就是基于争取时间成本。

二、常见销售代理模式

常见的房地产企业与代理商的合作方式，有图6-2所示的几种。

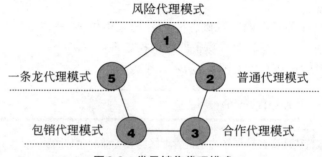

图6-2　常见销售代理模式

1. 风险代理模式

此模式采取由代理商与房地产企业签订合作项目的整盘销售代理合同，双方需要商定的有关细节如下。

（1）合作项目的整盘销售底价。

（2）代理佣金标准。

（3）结算方法。

（4）销售合作细则。

（5）销售周期等。

房地产企业与代理商通过具体的风险担保措施来保证合同的履行，代理商配备项目销售专案组进行合作项目全案策划、推广与销售执行工作。

风险代理最大的特点在于代理商在销售合同的基础上，执行项目销售代理，其在获得代理利润的同时也承担了整个项目销售的市场风险以及销售风险。同时全盘的广告费、推广费用、现场销售道具、办公设备以及人员工资、奖金等相关管理费用全部由代理商负担，但代理商可以在风险担保的前提下实现完全的价格增值利润。

2.普通代理模式

普通代理模式采取由代理商与项目房地产企业签订合作项目整盘销售代理合同，在合同中签订合作项目整盘销售底价、代理佣金标准及结算方法，并明确销售周期、销售费用分摊等合同细则。代理商与房地产企业约定具体的权利义务，以及约定风险责任与保证措施后，代理商配备项目销售专案组进行合作项目全程策划、推广与销售执行工作。

普通代理模式最大的特点在于房地产企业需要承担较风险代理更多的市场风险和销售风险，同时需要承担项目全盘的广告费用、推广费用、现场销售道具、办公设备等销售费用。

合作双方则是按照合同协议约定分享在合同销售底价基础上实现的价格增值利润。普通代理模式，房地产企业负担了相对高的销售费用，但是也存在可以分享价格增值的可能性。代理商相对来说，销售投入成本较低，但同时减少了相对价格增值利润。在项目操作运作上双方协商互通协调的投入会更多，对于双方合作也是一种较普遍的模式。

3.合作代理模式

合作代理模式就是指代理商与房地产企业形成一种真正意义上的伙伴关系，风险共担，利益共享。凡是有关楼盘的销售费用，包括售楼书、画册等销售资料（道具），样板房装修，售楼部建设和装修、公关宣传、媒体广告等，一切与销售有关的费用均由房地产企业与代理商共同支出，然后在销售价格和利润方面商定一个双方均能接受的分配比例。

营销利剑

合作代理模式比较复杂，主要是费用的分摊与利益的分配方面，房地产企业与代理商很难达成共识，因而较少采用。

4.包销代理模式

包销代理模式是指代理商先投入资金，然后和房地产企业讲定一个价位包销，超过部分按比例分成或者完全归代理商所有。这种手法最早是台资代理商率先提出，后来被内地企业大量采用，俨然成为代理业界竞争最有力的手段。

包销模式是房地产企业面对其不可预计的房地产市场走向的时候，所作出的一种资金风险转嫁。这就要求承接此类业务的代理企业有一定的资金实力。如果没有一定的技术、人力等专业的资源，将无法承受投入资金所带来的压力。

5.一条龙代理模式

一条龙代理模式的特点是，从房地产企业拿地、项目调研、前期可行性分析预测、物业市场定位、销售代理、银行按揭支持、办理合同监证与房地产证及尾盘销售等，给房地产企业提供全程策划、销售及售后一条龙服务，应该是中介模式的一大突破。

一条龙代理模式的优势如下。

（1）服务内容更丰富、更广泛。包括前期拿地、市场调研、定位，中间的销售代理，后期的服务等。

（2）消灭"尾盘"概念，服务更彻底。一般的代理商到尾盘就不管了，但一条龙模式则一直服务到底，甚至楼卖完了一直到三级市场二手楼买卖、代业主租房都可以做。通过清除尾盘，盘活市场资金和存量。

（3）可以从政府角度去更好地规范市场。从政府方面，可规范市场行为，避免不成熟的盲目开发，更好地提供政策方面的咨询和指导。

（4）实现二三级市场的联动。

三、适宜代理销售的情况

一般来说，图6-3所示的情况较宜于采用代理销售模式。

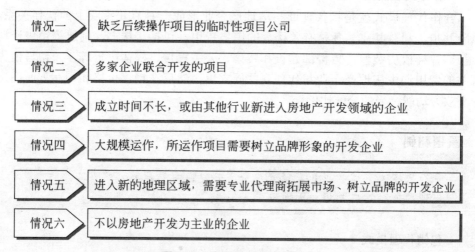

情况一	缺乏后续操作项目的临时性项目公司
情况二	多家企业联合开发的项目
情况三	成立时间不长，或由其他行业新进入房地产开发领域的企业
情况四	大规模运作，所运作项目需要树立品牌形象的开发企业
情况五	进入新的地理区域，需要专业代理商拓展市场、树立品牌的开发企业
情况六	不以房地产开发为主业的企业

图6-3　适宜代理销售的情况

四、对代理商的考察要点

代理商由于其背景和成长环境的不同，公司的结构和业务专长也各有不同。房地产企业如果要选择房地产代理商，则应考察对方是否具备图6-4所示的条件。

要点一	拥有以自身销售网络为基础的强大营销能力
要点二	丰富的客户信息资源
要点三	有效的信息搜集、分析和运用能力
要点四	成熟的管理经验和专业的团队
要点五	强大的营销策划能力、宣传推介能力和合同执行能力
要点六	能帮助开发商拓展合作领域

图6-4 对代理商的考察要点

1.拥有以自身销售网络为基础的强大营销能力

有实力的代理商一般都会有独立的、在一定区域分布的房地产营销门面或网点，他们在代理一级市场业务时，也同时开展房地产的二三级市场的业务。依靠这些网络，代理商不但能将所代理的产品尽快组织推向市场，而且能通过自己拥有的二三级市场的资源，以调剂、置换的灵活方式间接促进代理产品的销售。

营销利剑

是否具备有效的营销网络，是考察房地产代理商营销能力的首要条件。

2.丰富的客户信息资源

代理商的营销网点往往能从市场收集到许多购房信息，这些信息都来自于实际的购买群体。这些信息汇集和组织起来就成为了代理商手中的客户资源。这些客户资源是"市场黄金"，也是每个代理商手中的核心优势！

代理商拥有客户资源的广度和深度，影响着所代理项目的销售进度和质量。丰富的客户资源加以有效运用，最直接的效果是可以加快项目的资金回笼，为开发商提高资金运转效率，并使项目的效益最大化。

3.有效的信息搜集、分析和运用能力

代理商通过自身的网络通常会组织定期的市场调查，也会做一些不定期的问卷调查。他们基本上悉知市场上主要竞争对手的情况，也了解购房群体的深层次诉求。利用和分析日积月累的信息库，便构成市场需求的整体概貌，据此代理商

就能够比较准确地把握市场走势，精确判断客户群体的各方面需求，可以在项目的市场定位、建筑风格和品质、户型面积、环境营造、合理配套以及价格体系制定等方面向开发商提供有益的参考。

4.成熟的管理经验和专业的团队

一个成熟的代理商必定有自己成熟的管理模式和管理团队。从营销操作、团队建设到财务管理有丰富的管理经验和完善的管理制度，各个流程都按专业化、规范化和标准化的模式运作。

成熟管理的优点也通过代理商的专业销售团队在业务操作中体现出来。日常工作有标准规范的程序，遇偶发事件也有成熟的预案来应对。从售楼窗口到后台管理，在岗人员的言行举止，无处不体现成熟管理的风范。

5.强大的营销策划能力、宣传推介能力和合同执行能力

代理商一般都实行全流程作业，即在项目展开初期，就针对所代理项目组织具有必要广度和深度的市场调查、分析，进而开展项目策划、营销策划、宣传推广、楼盘销售、督促履约直至配合交楼和售后市场跟踪调查等全流程环节的全盘代理。因此代理商必须具备全面而独立的市场分析、策划、设计、推广和合同执行能力。

6.能帮助开发商拓展合作领域

有实力的代理商在业务运作过程中，通常积累相当广泛的社会公共关系，如相关的政府管理部门以及与房地产相关联的上下游行业，这也是代理商可以运用的公关资源。运用这些资源可以为其所服务的开发商引进合作资金或合作伙伴，减少项目运行中的公关障碍并有助于开发商拓展事业，和开发商结成更紧密的联盟。

五、与代理商合作的注意事项

房地产企业与代理商合作，要注意图6-5所示的事项。

事项一	细酌与代理商的合作方式
事项二	细酌与代理商的合作期限
事项三	严格控制销售价格
事项四	明确房地产企业与代理商在营销过程中产生的费用
事项五	防止费用承担问题纠缠不清

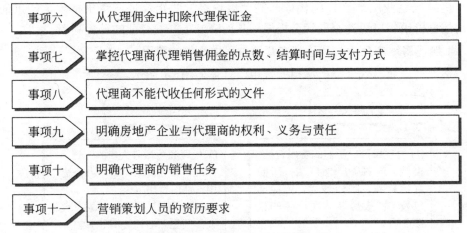

图6-5　与代理商合作的注意事项

1.细酌与代理商的合作方式

房地产企业以"策划销售"的方式与代理商合作，由房地产企业提供广告费，代理商根据项目特点，将项目进行定位，从前期的案前准备、广告策划以及现场销售等进行一系列的整体运作。

营销利剑

以"策划销售"的方式与代理商合作，房地产企业可以直接、有效地控制广告推广费用，避免代理商虚报广告推广成本从中谋取利益，减少房地产企业不必要的广告开支。

2.细酌与代理商的合作期限

合作期限一定要在合同中明确，并且要对房地产企业有利，与代理商初次合作最好不要将代理期限签得太长。合作期限也不是一成不变的，应根据市场情况，制定代理商的销售任务。如在一定时间内完不成任务，代理合同将自动解除。这样可以给代理商制造一定压力，让其尽自己最大能力去销售房屋。

3.严格控制销售价格

销售基价（代理销售项目的底价）由房地产企业制定并提交代理商执行，销售基价表应作为销售代理合同的附件出现在合同中。代理商可依据市场情况在征得房地产企业书面同意的情况下有权灵活浮动。代理商应该严格执行房地产企业制定的销售基价，在没有房地产企业书面授权的情况下，不得擅自给客户任何形式的折扣。如遇特殊情况，代理商应及时告知房地产企业，作个案处理。

房地产企业应严格控制代理商的销售价格，防止代理商将价格制定的过低，将房屋低价销售以迅速获取佣金提成，从而降低了开发企业的销售利润。

4. 明确房地产企业与代理商在营销过程中产生的费用

房地产企业与代理商所承担的费用，具体如图6-6所示。

房地产企业	代理商
(1) 为项目推广所需的费用包括：报纸、电视、户外广告，印制宣传材料，制作沙盘，售楼部包装，样板房装修所产生的直接费用 (2) 房地产企业安排代理商合同约定工作所发生的费用 (3) 售楼中心应配备的相应办公用品费用	(1)代理商所派驻人员的工资、补贴、交通费用、日常办公费用、通信费用等 (2)销售人员的工资、补贴、奖金、佣金、培训费用等 (3)销售中心交接后的日常办公费用（水、电、通信费用等）

图6-6 房地产企业与代理商所承担的费用

5. 防止费用承担问题纠缠不清

在销售代理合同中应该明确双方应承担的各项费用，以防止后期在费用承担问题上产生不必要的纠纷。

6. 从代理佣金中扣除代理保证金

代理商的主要利润来源是销售代理的佣金，前期策划一般是不计算费用的。但为了使代理商在前期将项目启动，房地产企业会预先支付一部分费用，因此在销售代理佣金结算时应该将前期策划所发生的费用一并扣除。

此外，代理商要取得房地产企业的代理权，必须支付不低于10万元人民币的代理保证金。此保证金的支付方式比较灵活，代理商可一次性支付，也可以从销售代理佣金中扣留，将来项目销售结束，此保证金如数退还。

7. 掌控代理商代理销售佣金的点数、结算时间与支付方式

销售代理商的主要利润来源就是代理销售的佣金，此佣金是按照代理销售房屋总价的百分比来提取的，目前就市场行情来看佣金比例基本上在1.4%左右，最高不超过1.8%。像广告设计费用、定向开发部分服务费等其他费用都是可以包含在销售佣金里的。

目前市场上使用较多的是：

$$销售提成=基本佣金+溢价提成$$

$$基本佣金=销售基价×销售面积×基本佣金提出比例$$

$$溢价提成=（销售实价—销售基价）×溢价分成比例$$

基本佣金相对较低在1.2%左右，溢价提成要控制在五成以内。

佣金的结算一般是在正式开盘销售后的1～2个月后开始的，为了牵制代理商，销售代理佣金不会是足额结算的，房地产企业可以扣留一部分销售代理佣金作为代理商的代理保证金，还可结合代理商完成销售任务的情况来结算，而且代理商在结算时要提供正式发票。

8.代理商不能代收任何形式的文件

在营销过程中代理商不能代房地产企业收取任何形式的定金、房款，以防止代理商自行挪用或者扣留资金，房地产企业应在销售现场委派专门财务人员进行开票、收款并将资金存入房地产企业设立的指定账户。对于客户的购房合同、票据、档案等要进行严格管理，并在销售代理合同中明确。

9.明确房地产企业与代理商的权利、义务与责任

房地产企业在与代理商签订销售代理合同时，其中条款必须显示房地产企业与代理商的权利、责任与义务，做到权、责分明。如若后期代理商工作不利，可依据此等条款随时将合同终止替换代理商，从而维护房地产企业的权益。

10.明确代理商的销售任务

房地产企业委托代理商销售房屋，就是要借助具有专业知识的外脑以高利润、快速度回笼资金，因此一定要给代理商制定销售任务并在销售代理合同中体现。代理商不能按期完成销售任务的，房地产企业有权责问代理商并随时终止销售代理合同。

11.营销策划人员的资历要求

对于代理商委派的工作人员，房地产企业应根据楼盘情况进行甄选，要求代理商所配备的策划经理和销售经理必须有5年或5年以上的从业经历，熟悉省内房地产市场，并且有大型楼盘的操盘经验。代理商配备的策划助理和销售主管应有3年或以上的相关行业从业经验，参与过大型楼盘的销售或策划工作。销售人员应该具有2年或以上的相关行业销售经验，个人形象、气质俱佳，代理商须提供以上岗位工作人员的工作简历、销售业绩和操盘总结等资料，以确保楼盘销售的需要。

六、与代理商合作的常见问题

不少房地产企业曾经与代理商合作过，但合作中出现过一些问题，导致房地产企业对代理商不信任。在当今市场环境中，代理商也存在大小不同、良莠不齐的情况，一些规模小、专业化程度不高的代理商确实不能让房地产企业满意。

房地产企业与代理商在合作过程中常见的问题如表6-1所示。

表6-1　房地产企业与代理公司合作常见问题分析

序号	常见问题	具体分析
1	房地产企业担心代理公司会在销售过程中出现炒房或虚假承诺等不良行为	（1）作为销售代理公司，一般都有完整的"满意度保障体系"，该体系在各个方面规范了销售人员的行为规范以及言行举止，代理公司的品牌意识及严格的管理制度杜绝了以上情况的发生 （2）品牌代理公司在与甲方签订的代理协议中愿意明确：杜绝一切虚假承诺，代理公司只能使用双方共同确认好的营销说辞来与顾客沟通，凡是由于乙方未遵守承诺而出现的对客户虚假允诺的情况，将由乙方自行承担责任
2	一些房地产企业经营者认为"找代理销售比自行销售成本高"	销售代理公司由于有规模优势，直接成本比房地产企业低；销售代理公司的专业水准以及高效率的操作手法把楼盘"卖得高，卖得快"，给房地产企业带来了更大价值。代理方专业化的分工，熟练的流程，高超的营销水平，带来了更高的效率，提高了人均产值，缩短了甲方预期销售时间，使其在人力、物力、财力等管理及销售成本方面，以及时间成本等达到了最大限度的节省
3	有些房地产企业担心使用了代理公司后不能直接与顾客沟通，无法及时了解顾客需求和市场状况	（1）代理公司都进行规范化运作以及透明式管理，房地产企业可以随时监控代理方统计的顾客信息，完善的信息系统将清晰反映每一个顾客的跟踪情况以及反馈意见等，甲方更可随时去销售现场了解相关情况并与客户进行直接沟通 （2）代理公司都有专门负责搜集信息的专员，针对于顾客需求以及市场变化等做出调研报告，及时反馈给项目组和甲方，甲方能够更直接更及时地了解到市场供需的变化等情况；如果甲方有需要，代理方还可以随时给出最细致的讲解 （3）代理公司有可能同时代理几个类似项目，他们对于某一段时间内的市场情况比房地产企业更为了解，可以提出更现实的建议，以实现销售目标的达成
4	一些房地产企业担心代理公司对甲方的配合度不够	一般情况下，房地产企业所担心的"配合不够"的情况多出现在产品策划以及产品调价等方面，房地产企业希望提价而代理公司不同意或执行不坚决。销售代理公司秉承的都是客户利益优先的原则，一定会尊重甲方的重大利益。在推广策略、定价以及调价等关键环节，代理公司可以提出自己的意见，但最终的决策权还在甲方。甲方一旦确定，代理公司须坚定地执行，代理公司毕竟只是"拿钥匙的丫环"，要听从主人的安排。这是一个优秀的代理公司会遵守的职业道德
5	房地产企业担心代理公司方面的团队稳定性问题，也确实有代理公司出现一年更换几个营销总监的现象	（1）相比一般的代理公司，品牌代理公司的营销团队会更稳定，员工能将工作当作一份不断追求的事业去做，而且销售代理公司对员工的激励机制较为完善，肯为员工做长远的职业生涯规划并为之提供广阔的发展平台，人员相对较稳定 （2）优秀的代理公司允许甲方指派营销总监，并愿意接受甲方严格的考核，在人才储备方面，品牌代理公司也具有绝对的优势，可以调配出符合甲方要求的营销人才

第七章　内部认购模式

阅读提示：
　　楼盘正式开盘之前的内部认购是房地产企业的一种促销手段，这样可以帮助企业更快地实现销售任务。

关键词：
烘托气氛
认购方式
认购协议

一、内部认购的前提

　　内部认购的最重要前提是具有一定幅度的购房优惠，优惠一般是比照"开盘价"而言的。如果按照目前房地产企业通行的"低开高走"的营销原则，内部认购价应该是该商品房销售过程中的"最低时段价"。同时，房地产企业为了保证尽可能多的盈利，会严格地限制和控制内部认购的销售量和时间。

二、内部认购的方式

　　内部认购原来是房地产开发企业把一些房屋供自己公司的职员优先选购，以慰劳职员的辛劳，基本上内部认购的对象都是公司职员以及与房地产开发企业业务、管理有关系的相关人士。如负责楼盘建筑的建筑公司、负责策划发售事宜的专业机构或有来往的政府部门的部分人士。内部认购主要包括两种方式，其优缺点如图7-1所示。

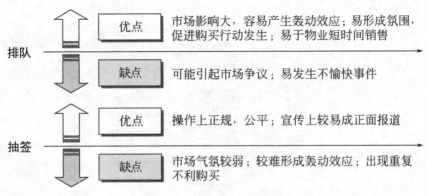

图7-1　内部认购的方式

三、内部认购的作用

内部认购除了能在正式开售前早早笼络住一批客户之外，最主要的目的还在于烘托气氛。只要有足够的人交了定金，房地产企业就可以宣称开盘之日即售出多少来给人好像一片热销的大好形象。即使这些客户退定，只要气氛起来了，不愁没有人买。

因此，一般在首推出时最好通过促销活动抽签赠少量优先购买权和排队认购相结合，当然在宣传上应尽量避免排队的提法，而是多做些很多人争取要求认购的市场引导，造成一些市场紧张氛围，引导市场去排队而不是房间去排队抽签，给自己留下更多的空间。正式发售前的内部认购对整个项目的作用是不可低估的，具体如图7-2所示。

作用一	能从内部认购中获取客户，从而更清楚掌握客户的购房意向及市场需求
作用二	项目处于期楼阶段，没有现房、没有样板房，不能给客户目睹实在的东西，只有通过内部认购、开推介会等营销手段，让大众认识项目、了解项目
作用三	提前推出项目，可为项目起到初步宣传的作用，为项目造势
作用四	置业顾问可以运用所学的知识、方法、技巧去接待客户，回答客户的提问，从而不断锻炼置业顾问，提高其业务水平和业务素质，为以后走向正式销售打下坚实的基础
作用五	内部认购时，以最优惠的价格出售商品房给对项目有信心的客户，令其得到最大收益，同时聚集人气

图7-2　内部认购的作用

四、内部认购的基本思路

房地产企业在进行内部认购时，其基本思路如图7-3所示。

图7-3　内部认购的基本思路

1.项目目标

内部认购首先要明确认购的目标，以便后期执行有着一个整体的冲刺目标。

（1）通过对一期项目的内部认购，使某项目在区域销售市场中预热，扩大楼盘市场知名度，建立项目的品牌形象。

（2）为正式开盘起到"蓄水"作用，在正式取得预售资格前，边建设边取得部分销售权，争取使项目在最短的时间内回笼资金。

（3）产品接受市场的预检，及时反馈消费者需求，为调整、优化、设计及营销策略提供条件。

（4）以价格策略消化部分层次、朝向较劣势的单元，减轻预售期价格回调幅度过大带来的市场压力。

（5）增加市场信心，为吸引外部资金介入项目开发进程创造条件，加快整个项目开发建设速度。

2.基本方针

内部认购的基本方针，具体如图7-4所示。

方针一	以价格换时间，尽早回笼资金或稳定客户群
方针二	以价格换空间，尽可能去化劣势户型
方针三	以信誉换信任，优化房地产企业形象，使客户乐于在预售前认购
方针四	以权益换市场，为房地产企业提供炒作机会以增加认购量

图7-4　内部认购的基本方针

3.基本条件

内部认购的基本条件，具体内容见表7-1。

表7-1　内部认购的基本条件

序号	条件类别	具体说明
1	设计基本定型	项目详规及方案基本确定，使客户对将来建成的小区总平面、单体及房型有一个完整的认知
2	初步工程形象	施工单位进入现场或完成工地现场的形象包装
3	取得有关文件	向客户出示项目批准、规划、勘察和用地的有关批文
4	建立价格体系	为客户提供预期投资增值方案，以增强认购吸引力
5	规划炒作模式	制定有利于资金回收又对客户存在一定利润空间的转让规则，使认购带有实惠和投机的双重机会点
6	符合有关法规	确保认购行为及有关文件与现行法规基本一致

4.认购时机

根据项目的进展状况，认购条件的初步具备应在取得预售许可证前3个月。

5.认购范围

认购范围可以划定一期工程的全部或一部分，如以高层和小高层各一幢计，取其中50%，可视情况增减。

6.认购方案

从认购的实效和可接受程度来分析，常采用的认购方案有三种，并使用不同的价格策略，具体内容见表7-2。

表7-2　认购方案类别

方案类别	具体说明	优点	缺点
松散型	认购者在初步了解房型、总体布局与价格和面积范围后支付定金3千元人民币，签订认购协议书。认购者有优先挑选权及小幅价格优惠（低于开盘价3%～4%），仅选定优先权。如认购者不接受开盘价或有其他任何不满意，可在开盘前全额退还定金。认购者不得将权益转让	（1）对房地产企业准备工作及工程进度要求不高（简单的项目介绍资料、大致的价格范围），目前状况下稍加准备即可开始 （2）认购的同时可获取较广泛的客户反馈信息，房地产企业可以自行调控已认购单元的分配	对认购者基本无约束，可能造成认购水分较大，对真实意向客户把握不准，基本无资金回笼
紧密型	认购者在基本认同小区总平面、单体及房型的基础上认购具体单元，确定开盘、交房预计日期、单价及总价、交房基本标准和付款方式。认购者支付订金，签订认购书，享受5%～6%的价格优惠（较开盘价）。如认购者在接到签订预售合同及交纳首期款的通知后未按时签约付款，房地产企业有权终止协议，将房屋转售他人，定金不再退还。若房地产企业逾期30天以上获取预售证，将退还定金，不再承担其他任何赔偿。如房地产企业未经认购者同意将房屋转售他人或对项目进行重大调整，将承担违约责任并双倍返还定金。认购者不得将权益转让	对实际认购总量及预期的销售收入均有较大把握，能少量回笼部分现金	房地产企业至少在确定或完成初设计后，才可使本方案较易于实施。如设计、施工方面的后期调整过大，致使房地产企业自身违约，将承担一定的风险责任

方案类别	具体说明	优点	缺点
参建型	基本条件类似紧密型，价格折扣不低于10%（较开盘价）。要求认购者在认购时支付30%房款，正式预售时依工程进度付款或办理贷款手续。房地产企业承诺认购者可以将认购权益转让，并配合其办理有关手续	实现早期回笼资金的最佳办法，同时能够通过权益转让的炒作手法吸引一定房地产炒家，将整个项目的价格水平抬升	（1）对订购者来说虽然回报丰厚但投资风险较大。如果对房地产企业信任度不足，则订购者难以树立在早期即投入较大量的资金的信心。因此，对项目和房地产企业的前期包装要求较高，认购协议也需要相应的法律保障 （2）对客户手中的权益转让问题亦须慎重规划操作方案，以免这部分房源干扰整个价格体系

7. 基本手段

基本围墙及广告牌、报纸形象广告、户外广告、楼盘基本介绍的宣传单张。

8. 接待地点

项目营销专案部、现场临时售楼处。

9. 结论建议

在权衡上述表7-2方案利弊后可以得出以下结论：

保证房地产企业利益最大化，三个方案可同时推向市场，尤其以方案三对实现目标意义最大，但对准备工作要求也较高。为保障该项工作顺利进行，在内部认购前需完成的工作，具体内容见表7-3。

表7-3　内部认购前需完成的工作

序号	工作类别	具体说明
1	房地产企业的品牌形象包装	（1）办公地点可迁至高档的场所（如甲级办公楼或花园洋房） （2）通过对项目房地产企业的宣传来增强客户的信心（如境外的设计单位、高知名度的策划机构、高资质的施工企业等）
2	工地形象包装	（1）确立整体CI形象，制作围墙广告、广告牌、批示牌、灯箱等户外广告 （2）尽量设立售楼处 （3）营造现场施工气氛

序号	工作类别	具体说明
3	市场推广	（1）在本地区主要报刊发布一些软性广告及概念广告 （2）制作宣传单片 （3）通过举办公益性或学术性的SP活动扩大楼盘的市场影响 （4）通过对房地产企业、营销专案部门掌握或潜在掌握的客户资源，扩大订购面
4	销售前准备	（1）制定内部认购楼盘单位价格表 （2）通过科学的系统培训，使置业顾问不仅要具备产品推销能力，更能成为消费者"投资理财的顾问"，为实现近期内部认购工作及将来的销售工作目标打好基础 （3）制定严格规范的管理制度，充分提高员工的工作效率，保证销售工作有条不紊地进行

五、编制《认购协议》

编制认购协议的工作要点如下。

（1）松散型方案主要目的是获取较广泛的客户反馈信息，对甲乙双方基本无约束，因此方案采用表格的形式。

（2）紧密型方案的认购接受面较广，对双方的权利和义务有一定的约束，尤其对房地产企业的时间有期限要求，本方案协议的制定对房地产企业赔偿责任作了规避（如认购者有异议，可在补充条款中作出按银行固定存款利息的补偿承诺）。

（3）参建型的认购方式是有利房地产企业资金回笼的最佳方案，制定出既对认购者有一定利润空间而乐于接受，又不影响房地产企业的项目价格体系，并能使其呈稳定抬升的转让规划。因此通过设定认购案例进行分析，预见解决可能出现的问题，从而推导出最有利于房地产企业的转让规则。

下面提供一份内部认购协议的范例，仅供参考。

范例

××项目商品房内部认购协议

甲方（买受人）：＿＿＿＿＿＿＿＿＿＿＿＿＿＿＿＿＿＿＿＿＿

地　　址：＿＿＿＿＿＿＿＿＿＿＿＿＿＿＿＿＿＿＿＿＿＿＿

邮　　编：＿＿＿＿＿＿＿＿＿＿　电　话：＿＿＿＿＿＿＿＿

身份证号：_____ 身份证地址：_____

乙方（出卖人）：_____房地产开发有限公司

法定代表人：_____

委　托　人：_____

地　　　址：_____

邮　　　编：_____ 电话：_____

为了保护甲乙双方在商品房内部认购期间的合法权益，甲乙双方经友好协商，就甲方内部认购乙方开发建设的商品房事宜达成如下协议：

一、商品房房屋基本情况

甲方认购乙方开发建设的××工程_____号楼____单元_____层_____号，建筑面积_____平方米。

二、内部认购金

本协议签订时，甲方须向乙方一次性支付内部认购金人民币_____元。楼盘开盘提前一周内甲方须按照乙方通知，携本协议到乙方指定地点与乙方签订正式《商品房买卖合同》。具体条款以签订正式《商品房买卖合同》为准，同时该内部认购协议作废。

三、双方的权利和义务

1.本协议签订的同时，甲方具有了优先选房的权利，且能及时得到乙方提供的关于楼盘的各种信息。若乙方在销售楼房的过程中出台具有约束性条款的优惠政策，甲方同时享受。若在楼盘开盘提前一周时间内，甲方无正式购房意向，乙方及时全额退还甲方内部认购金。

2.本协议签订后，乙方须为甲方保留该房屋至签订正式《商品房买卖合同》，且不得与第三方签订该房屋的《商品房内部认购协议书》或《商品房买卖合同》，并承诺在甲方携本协议与乙方签订《商品房买卖合同》时，乙方将完全履行本协议中约定的房屋位置、面积、户型等条款。具体实施过程中各项指标有变动，必须及时通知甲方并进行协商，若甲方不同意即时全额退还内部认购金。

3.本协议签订后，甲方须在乙方楼盘开盘提前一周内到乙方指定的地点与乙方签订《商品房买卖合同》，并承诺在与乙方签订《商品房买卖合同》时，甲方将完全遵循本协议中约定的房屋位置、面积、户型等条款。逾期办理则视为甲方自动放弃，乙方全额退还甲方内部认购金的同时，对甲方意向所购房屋，自行安排出售，不予保留。

四、不可抗力

如果本协议在执行过程中受到诸如：地震、台风、洪水、火灾、战争或其他双方认可的不可预见的不可抗力的直接影响，或无法按照原协议条款执行，受不可抗力影响的一方应立即以书面形式通知对方，并出具事故发生地区有关部门开具的事故证明。

本协议自甲乙双方签字之日起生效。

本协议一式两份，甲乙双方各执一份为据，均具有同等法律效力。

甲方：_____   乙方（盖章）：_____

委托人：_____

日期：_____   日期：_____

第八章　展会营销模式

阅读提示：
　　在房展会上，房地产企业可以展示自己的最新产品。而展会营销，也是一项点线结合的营销活动。

关键词：
展前准备
展会宣传
展厅氛围

一、房展会认知

1.房展会的类型

　　房地产展销会，简称房展会，可以在短时间内聚集更多的潜在客户，是销售楼盘的好时机。房展会可以分为图8-1所示的两种。

自办型

房地产公司自行组织的企业展销会，如金地、万科等大型房地产公司经常自办展销会

参展型

参展型展销会规模往往会很大，主要目的是项目展示、招商引资、研究探讨、政策导向，通常由政府房地产管理部门主办，具有地区性影响力的媒体机构协办

图8-1　房展会的类型

2.房展会的举办时间

　　在房地产业发达的一线城市都一年举办两次，分别在春（五一前后）秋（十一前后）举行。

　　比如，2016北京秋季房地产展示交易会于2016年9月22～25日在北京展览馆举行；2017北京春季房地产展示交易会于2017年4月13～16日在北京展览馆举办。

3.展出目标

　　展出目标是展览工作的基石和方向，展出目标主要根据参展公司的战略和市

场条件制定。典型的展出目标主要是展出新楼盘、提升公司形象、市场调研、价格测试、了解购楼者的心态等。房地产展览会的目标分类如表8-1所示。

表8-1 房地产展览会的目标分类

序号	目标类别	目的
1	基本目标	了解消费者、交流经验、检验自身竞争力、了解发展趋势、了解竞争状况、寻求合作机会
2	交流目标	提升公司形象、收集市场信息、加强媒体关系、建立个人的关系、接触新客户、提高职员调研技术
3	价格目标	测试价格
4	产品目标	推出新楼盘、介绍新卖点、了解新楼盘推出的效果、了解市场对本楼盘的接受程度

4.影响房展会的因素

影响房展会的因素如表8-2所示。

表8-2 影响房展会的因素

因素类别	具体说明
时间	（1）五一展会是高潮 （2）春节一个月不可，因应接不暇 （3）清明一个月不可，扫墓不宜购房，且阴雨连绵，出行不便 （4）要避开大型联合交易会 （5）要避开国家禁期
地点	（1）知名度要高、人流要大 （2）项目档次匹配（中档楼盘选择购物广场，高档楼盘选择五星级酒店） （3）交通方便 （4）在目标客户群活动范围内 （5）离销售楼盘现场较近 （6）设计独特的场地吸引人 （7）参展要选择好的展位
人员	（1）参展人员形象礼仪符合要求 （2）要熟悉项目 （3）要明确自身和竞争对手的优缺点 （4）对客户的咨询要统一口径 （5）如不能成交，要尽量留下客户资料 （6）分组以提高工作效率

因素类别	具体说明
现场包装	（1）展台设计独特、体现项目档次和风格包装 （2）其他活动相结合，以吸引眼球、明星效应 （3）有一定的客户休息、洽谈空间 （4）现场POP醒目、精美效果图、大屏幕电视录像、模型 （5）条件允许可以造样板房（装修材料品牌标明） （6）入口礼仪小姐引导 （7）传单派发 （8）礼品派发 （9）假客户制造人气
广告	（1）前两周开始投入广告，展会越临近，广告投放量越大 （2）选择合理覆盖面的媒体 （3）展会结束，广告致谢，说明本楼盘的吸引力和出众
外围	（1）展外广场的广告配合 （2）道路旗帜广告 （3）接送项目现场的交通工具（车上解说员） （4）现场售楼部的配合 （5）各种销售资料的准备 （6）销售人员的培训 （7）总经理坐镇现场、重视 （8）折扣决策的及时

二、展前准备

展前准备工作包括展前物质准备和楼书制作。

1. 展前物质准备

物资准备包括展架、项目沙盘、地面的覆盖物、照明色彩等。

（1）现场沙盘、视频宣传片、项目针对信息和整体项目概念推广的DM等准备充分。

（2）展架。展览架是展出的主要的、基本的道具，可分为定制展览架和组合展架。

（3）地面覆盖物。地面覆盖物有木板、地毯、橡胶、化纤拼板、化纤地板革多种形式。

（4）展具和展台用品。如展柜、展架、展隔板、展板、图框、图架、楼书资料、桌、椅、沙发、酒吧台、茶几、烟灰缸等。

（5）其他装饰用品等。

2.楼书制作

楼书是房地产开发商或销售代理商宣传楼盘、吸引购房者的重要资料。一份优秀的楼书可以生动地表现产品，加深客户印象，促成楼盘交易，提升公司与楼盘的整体形象。好的楼书应具有以下特点，如图8-2所示。

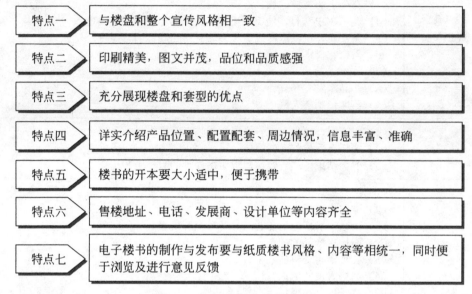

特点一	与楼盘和整个宣传风格相一致
特点二	印刷精美，图文并茂，品位和品质感强
特点三	充分展现楼盘和套型的优点
特点四	详实介绍产品位置、配置配套、周边情况，信息丰富、准确
特点五	楼书的开本要大小适中，便于携带
特点六	售楼地址、电话、发展商、设计单位等内容齐全
特点七	电子楼书的制作与发布要与纸质楼书风格、内容等相统一，同时便于浏览及进行意见反馈

图8-2 好的楼书应具有的特点

三、展前宣传

参展本身是一种宣传，要充分利用展会短暂而宝贵的时间集中造势，房地产企业必须在展前做好楼盘宣传工作。

1.广告宣传

广告宣传在整个展览过程中扮演主要角色，房地产企业应在展览会前利用电视、广播媒体进行宣传，或在媒体行业的专业杂志以及展览会刊上刊登广告及楼盘的特别报道。最好提前将刊有楼盘彩页的专业杂志寄给目前及潜在的顾客群，并附信提醒顾客，这些楼盘将于展会上展出，同时赠上展会入场券或贵宾卡，附注自己的摊位号，使客商感到十分荣幸来展会参观。

2.网页宣传

房地产企业亦可在参展前，制作自己的宣传网页在网上做宣传并做链接，提高楼盘的知名度，并与客户在网上探讨技术问题，相约在展览期间的会谈。

3.社交媒体

房地产企业也可以利用QQ、微博、博客及微信等全方位的社交媒体宣传。让更多的潜在买家关注企业参展的消息，并热情邀请他们到会参观。

四、展厅布置

1. 展厅布置的注意事项

展厅布置的注意事项如下。

（1）利用现场强大的视听冲击，多方位地展示项目的高端品质形象，配合现场置业顾问的专业讲解，让项目的品牌形象深入人心。

（2）置业顾问统一着装，这样显得楼盘销售队伍有朝气，置业顾问要具备良好的沟通意识和亲和力。

（3）合理规划现场背景墙、拱门、喷绘、展板、横幅（空飘）等，做好灯光照明；促销广告语放在醒目位置；房型整体模型布置。将楼盘沙盘放置于售楼大厅中心区域，各个楼型与周边环境应用醒目字样标示，让客户对楼盘规模及周边业态情况一目了然。

（4）合理划分案场区域，分设休息区、商务区等。休息区放置一些报纸、杂志以及楼盘广告等，供来客阅读。商务区是置业顾问与客户洽谈合约的地方，便于营造良好的销售氛围。

2. 展厅布置工作重点

房地产开发企业自办展会的展厅布置工作重点如表8-3所示。

表8-3　展厅布置的工作重点

序号	工作重点	具体说明
1	入口	展厅入口应安排礼仪小姐在入口发放"楼书"，招呼客户入场参观，收集客户的个人资料
2	展示馆	展示馆要悬挂描述楼盘项目的精美效果图，可适当介绍房地产企业，展示雄厚的实力以取得信任，布置大屏幕电视录像，介绍楼盘的详细情况，包括周围的环境、交通、楼房细部等。陈列楼盘的总体规划和典型的模型，置业顾问要配合向客户介绍整个楼盘的情况，回答客户提出的问题
3	样板房	（1）根据项目的市场定位，对典型的房型进行室内装饰布置，使用简牌说明哪些装修、装饰材料是附送的，使用的牌子、规格，力求使客户感到房屋的舒适、实用 （2）通过专业人士的装修设计，布置家居，以掩盖房间布局的缺陷。置业顾问可重点向客人介绍房间的舒适度，布局的合理性、实用性
4	售楼部	展示已售出楼盘情况，置业顾问主要同客户谈论如何选择其能够承担的单位、付款方式、印花样按揭、税费以及有关法律手续等问题
5	展厅大小	并不是越大的展厅越好，展厅大小的选择主要考虑房地产企业的经济能力以及能否有利于制造热烈的销售气氛

五、营造展会氛围

展厅销售氛围营造，需要宣传物、灯光照明、展厅绿植、背景音乐、空调、茶水饮料、办公用品等组成。各类物品的要求如表8-4所示。

表8-4 营造销售氛围的各类物品管理要求

序号	物品名称	管理要求
1	宣传物	（1）产品资料架和其他宣传物，如横幅、易拉宝、围栏看板、刀旗、吊旗、挂旗、海报、大型喷绘布幔等依照规范布置。产品资料架上资料数量充足，兼顾各种房型，每一品种保持20份 （2）每天早上清洁资料架并检视资料数量，营业期间遇有不足则立即补充。过期、破损制作物应立即更换或去除，摆放位置符合规范，不得阻碍展厅内视线。展厅内不得悬挂非本店认可的宣传物
2	灯光照明	每日检视灯光亮度，营业时间内维持明亮的照明，准备好备用灯泡。展厅外照明必须经常检查维护，如有损坏立即更换。每日下班后展厅内灯光照明延长2小时，强化夜间的品牌展示效果
3	展厅绿植	每日营业前喷水1次，冲刷植物叶面，去除灰尘，保持光鲜。及时清理绿植的枯叶、纸屑、烟头等杂物。前玻璃幕墙不能摆放超过50厘米高的盆栽，避免影响视线及通透性；高于50厘米的植物应放于办公室之间的立墙前
4	背景音乐	营业时间内播放轻松优雅的音乐。当举办节日活动或促销活动时，应播放活泼动感音乐营造活动气氛。但播放时应注意音量，不得造成听觉压力或干扰到与客户的沟通交流
5	空调	展厅内的温度适宜，冬季最低温度为16℃，夏季最低温度为26℃。空调机每半年检查清洗1次，确保功能正常及空气洁净
6	茶水饮料	展厅内必须准备饮料推车，推车上各种免费饮料应在3种以上，且数量充足
7	办公用品	纸杯、信封、信纸、名片、工作牌、手提袋等要符合CI（Corporate Image）标准

六、展会人员管理

在房展会的展位上宣传，其实就等于在项目销售现场做宣传，所以现场宣传人员的能力决定了房展会上宣传的效果，甚至更远一点，也会影响房展会后商业地产项目的销售业绩。表8-5是在展会各阶段的销售人员工作职责和要求。

表8-5 展会各阶段的销售人员工作职责和要求

阶段	工作职责	要求
展会现场	（1）利用人多热闹的气氛进行促销（项目主动介绍和DM派发） （2）完成销售，清楚解说，签置认购书 （3）对未购买但已推销的客户进行登记及跟进 （4）利用展会后的优惠进一步催促客户下定金	（1）着装统一、干净 （2）展场整洁 （3）资料齐全 （4）尽量掌握意向客户的资料
会后跟进	（1）对未购买的客户进行全面跟进，了解未定的原因，进一步推销 （2）与客户服务部保持联系，确定客户依期签署合同及交款	（1）确保所有客人都已跟进 （2）确保所有买家按时签合同，依时付款
项目现场	（1）对来访、来电客户进行推销、跟进 （2）保持售楼部与示范单位整洁干净 （3）保证售楼部有充足的销售费用，方便正常运作	（1）确保来访、来电客户登记、被推销、跟进 （2）确保销售部及示范单位正常运作，整洁明了

七、展会销售要领

房展销售经验可以总结为图8-3所示的三个字。

图8-3 展会销售要领

1.快

快即快速筛选客户。依每日数万观众计算，现场每小时至少有5000～10 000人移动，潜在客户是被动的，要想快速筛选潜在客户，就要从眼神和移动路线、停留时间、观房位置等方面着手，运用抛诱饵法有助潜在客户浮现。

2.准

准即准确辨别客户。准确地辨别客户是否打算在房展买房，买什么房型，在三言二语中就要摸清客户，对没有购买意向的客户不要过多纠缠。

3.狠

狠就是逼客户下订单。只有房让客户心动、感觉价格便宜机不可失，客户才会下订单，销售顾问要有效排除竞争者，结合第一位下订单者、幸运者、具纪念价值等手法，让客户相信"只有今天、只此优惠"。

八、展后工作总结

同一次展会，也许有几十或者上百家企业推广同一类型的项目。除了已有的市场、品牌、规模等固定因素。营销人员对展会资源的处理也是影响参展质量的因素。

1.资料收集整理

每次参加展会结束后，房地产企业应当将所搜集到的展会资源分类整理。建议完全复制一份，企业档案室收藏原件由营销人员收藏COPY件。这样做的好处，第一是有助营销员和企业管理者理清资源。第二是保护了公司客户资料的安全。

2.客户分类分区管理

根据展会中所收集到的A、B、C、D四类不同的客户，可按客户等级的不同，分别给予不同方式的联系。如图8-4所示。

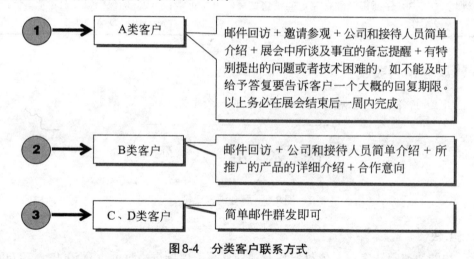

图8-4 分类客户联系方式

对于上述邮件有回复的客户，营销员原则上应该在24小时内给予答复。如不能马上答复的，说明原因并给出大致的答复时间。

对于上述邮件中的A、B类客户如果在半个月内没有任何回复的，需要再次跟进联系。内容大致相同。原则上对A、B类客户2个月内的联系不要少于3次。对C、D类客户的联系不少于2次。逢节假日可以发一些简单的祝贺信加深客户印象。

九、展会营销策划方案

下面提供一份××楼盘秋季房地产交易会策划方案的范例，仅供参考。

××楼盘秋季房地产交易会策划方案

一、参展目的

树立"××一号"项目品牌形象、宣传产品,达成交易。向××市民展示"××一号"的整体概念及发展前景,同时大力宣传其物业的功能要素及优势,进一步提升"××一号"的项目形象及知名度,重点推介项目1号、2号、5号楼高层电梯物业以及6号楼的认购登记,力争积累尽可能多的客源并取得一定的销售业绩。

(1)传递项目信息、收集和积累客户资料。

(2)锁定客户。

(3)利用优惠条件达成交易。

(4)树立企业品牌形象。

二、销售策略

本案在前期积累客户量很少,欲使项目在开盘期间能保证一定的成交量,达到"井喷"效果,并使业界及消费者树立良好的口碑效应,可以9月12日为一个契合点,为下一阶段开盘蓄积客户。

三、展会重要节点控制

(1)物料筹备与展会布置,具体事项见下表。

物料筹备与展会布置

事项类别	具体说明
项目准备	证照及手续的完备
销售准备	销售道具、人员培训、销控板、收款准备
资料准备	海报、楼书及宣传品准备充分
搭建准备	熟悉场地情况,按规定时间布展
现场营造	①展场:临时性广告宣传挂旗及营销气氛营造 ②售场:接待通道礼庆布置,售场内部软装饰布置,营造营销气氛
礼品准备	聚拢人气,拉拢客户的手段
活动准备	利用现场空间筹办丰富多彩的宣传、促销活动

（2）媒体配合及费用预算。

（3）人员安排及动线规划。

（4）优惠政策。

四、会展流程

会展流程，主要包括以下步骤。

（1）展场销售人员接待客户咨询。

（2）销售人员按客户需求对项目的相关情况（沙盘、户型）进行初步讲解。

（3）解释本阶段会展活动内容与中秋、教师节等特定优惠内容。

（4）初步甄别客户意向，邀请特定意向客户参观项目现场。

（5）填写客户交接单，将第二联交予专职引领员，另一联存根。

（6）专职引领员将客户带入看房直通车，连同交接单交予跟车专职讲解员。

（7）跟车讲解员处理在客户等待期间（30分钟/班）的项目咨询与其他沟通。

（8）展会看房直通车发车，并联系现场看房直通车同时发车。

（9）到达现场后，由物业公司专职形象保安迎接车辆下客。

（10）下车客户连同交接单一并由现场专职引领员带到售楼部交予销售人员。

（11）进入售楼部的客户，由餐点服务人员提供饮品及点心。

（12）销售人员针对客户需求进行一对一项目详细情况讲解。

（13）讲解结束后确认客户意向，对落定客户办理相关手续。

（14）售场广播员公布落定、大定及签约信息。

（15）销售人员引领大定客户及签约客户至酒水台领取月饼及项目其他礼品。

（16）礼品发放完毕后销售人员将客户交售场引领员带入售场直通车。

（17）售场直通车将客户接送回市区喷水池下客点，再抵达展会现场等待。

五、参展期间活动内容

1.活动时间

9月12～15日。

2.活动主题

"秋意月圆××"

3.活动内容：

活动一：中秋主题活动

（1）通过房交会吸客，借房交会期间中秋节点作为活动的延伸，与展会结合。

（2）在此期间内凡到达房交会展场的客户享有"礼品兑换券"的领取权（现有礼品：指南针、雨伞）。

（3）在售场下大定1万元及签约客户凭大定及签约票据即可领取价值500元中秋月饼及项目其他相关礼品。

注：展会现场发放"礼品兑换券"，该礼品的选定可以契合该房展会活动及房展会包装的主题。

活动二：房展会调研

简单积累客户，属于意向调研与市场客户需求调研，根据现场情况，时间控制在五分钟之内。填写调研问卷的人士均可赠送项目小礼品一份（笔、指南针、雨伞）。

六、销售计划优惠政策

（1）付款方式。一次性付款享受99折优惠。

（2）阶段性活动优惠最大不超过1%。

（3）团购优惠额度1%（三套以上含三套）。

（4）老带新客户，新客户享受1%的价格优惠，赠送老客户一年物业管理费。

（5）××掌握1%的现场机动折扣。

注：2～4项不进行累加。

七、展场与现场氛围营造布置

1.展场营造

展场布置按现有方案进行相关布置，展场加设易拉宝2个。

2.现场营造

（1）××路设置气拱门。

（2）气拱门两侧各设置空飘1个。

（3）从××路至售楼中心大门布置红地毯。

（4）售楼中心大门两侧设置1米高迎宾花篮。

（5）售楼中心顶部吊顶设置彩条丝布做软装饰。

（6）售楼中心确定1家餐厅，为每天接待客户提供餐点与饮品。

（7）背景音乐。在售楼部沙盘左侧设置扬琴及琵琶演奏，采用传统音乐，节奏舒缓，同时能加强售楼中心自然观感。

（8）灯光效果。采用柔和光源，衬托售楼中心的舒适感，另可考虑在角落适当采用七彩射灯活跃整个售场较沉稳气氛。

八、展会期间媒体配合

1.展前

（1）投放策略。由于前期时间紧张，采取重拳出击的策略，以三则硬性广告，占领市场曝光率。

（2）投放媒体。《××晚报》、《××都市报》。

（3）投放时间。9月11日、12日。

（4）投放频率。4次。

（5）投放规格。整版/硬广。

（6）投放主题（略）。

2.展中

（1）投放策略。对房交会开幕式、热销信息、到访信息以及"秋意月圆××"当天活动内容等进行软文报道。

（2）投放媒体。《××晚报》《××都市报》。

（3）投放时间。9月13日。

（4）投放频率。两次。

（5）投放规格。300字/1000字赠送软文。

（6）投放主题（略）。

3.展会最后一天及展后报道

（1）投放策略。对房交会开幕式、热销信息、到访信息以及"秋意月圆××"当天活动内容等进行软文报道。

（2）投放媒体。《××晚报》、《××都市报》。

（3）投放时间。9月15日。

（4）投放频率。两次。

（5）投放规格。300字/1000字赠送软文。

（6）投放主题（略）。

第九章　节日促销模式

阅读提示：

　　节假日期间如何才能吸引消费者有限的注意力，做大做活节假日市场，已成为房地产销售任务的重中之重。

关键词：

促销原则

促销方案

现场执行

一、节日促销的意义

　　节假日促销是非常时期的营销活动，是有别于常规性营销的特殊活动，它往往呈现出集中性、突发性、反常性和规模性的特点。

　　（1）节假日促销与一般的促销意义不同，节假日受传统文化的影响较大，所以更需注意节假日的各种风俗、礼仪、习惯等民族特点。

　　（2）节假日促销是房产销售的重头戏，也是促销活动发挥的关键时刻，在一般性的促销任务上，着实需要在促销管理、促销执行、促销反馈等管理上有新的突破。

　　（3）在众多房产促销手段当中，要细心挑选与品味节假日促销的含义，如有些房地产企业促销是有目的的，有些是为了营造气氛。

营销利剑

　　跟踪与反馈节假日促销的由头与目标是节假日促销的最初要点，也是促销的基本保证，为了节假日而促销的促销，效果可能只是一种附加的广告效果，甚至更差或者起到反面的展示作用，因此，在节假日促销的关口，理性促销与细心促销成为抓住顾客的关键。

二、365节日循环图

　　每年的365天的节日是一样的，通过下图所示的365节日循环图，可以看到每个季节主要的节日。如图9-1所示。

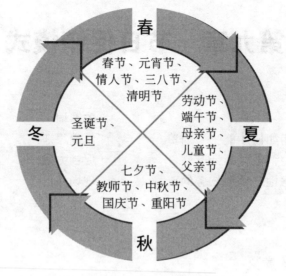

图9-1　365节日循环图

三、节日促销的原则

中秋、国庆刚刚结束，不久又将迎来平安夜、圣诞节、元旦，以及最重要的春节，这一个又一个节日的到来，也成了商家们做促销的好时间，然而如果想要假日促销做得好，还得掌握一定的原则，具体如图9-2所示。

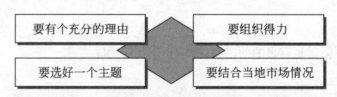

图9-2　节日促销的原则

1.要有个充分的理由

开展节日促销的目的是什么？市场的现状又是怎样的？是新房上市？还是要提高销量？或是提高企业品牌的知名度？只有活动目的明确，理由充分，才能做到有的放矢。

2.要选好一个主题

促销活动要给消费者耳目一新的感觉，就必须要有个好的活动主题。节日的促销主题设计有几个基本要求，具体如图9-3所示。

要求一	要有冲击力，让消费者看到后记忆深刻
要求二	有吸引力或者令人产生兴趣，例如很多企业用悬念主题吸引消费者继续探究
要求三	主题词要简短、易记，一些主题长达十几个字或者更多，谁也没有精力理睬

图9-3 促销主题设计的要求

不同的节日，房地产企业所做的促销活动主题都有所不同。

比如，九月教师节，可以"献给老师的爱"为主题；六一儿童节，可以"回味幸福童年"为主题。

选择什么样的促销主题，房地产企业首先要考虑到活动的目标、竞争条件、环境及促销的费用预算和分配。而且最重要的一点是，在确定主题后，淡化促销的目的，使活动更接近消费者，更打动消费者。

3.要组织得力

节日促销的环境嘈杂，人多，因此组织实施更要有力。搞好节日促销，要事先准备充分，把各种因素考虑到，尤其是促销终端人员，必须经过培训指导，否则引起消费者不满，活动效果将会大打折扣。

4.要结合当地市场情况

理性预测和控制投入产出比，切不可盲目跟随，挥金如土；突出自己的优势和卖点。事实上，节日促销活动的计划，要"因己制宜"，这样才能取得好的效果。

很多企业是看到别的品牌在促销，自己也促销，这样被动的促销，并不能够保证生意的火爆进行，往往还会带来亏损，如果想要促销生意做得好，只有把握了这些原则，才能达到促销的目的。

四、市场调查分析

房地产企业应通过市场调查，初步确定活动的主题、内容、时间和地点，具体要求如图9-4所示。

① → 确定活动目的 —— 通过活动吸引目标人群的集中认识，树立企业良好的品牌形象，积累并收集客户资源，吸引人气，传达项目的卖点信息，实现快速销售

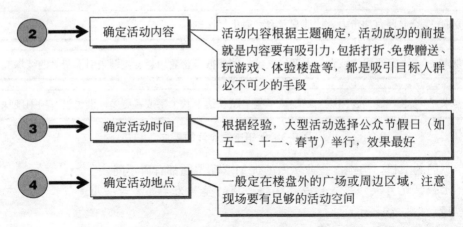

图9-4　市场调查分析的要求

五、出台促销活动方案

房地产开发商根据调查分析策划活动方案，进行投入产出分析，做好活动预算。

1.活动前宣传工作

（1）报纸。一般许多财经报之类的报纸都有会房地产专栏，可以选择在专版版块刊发信息。利用报刊发布的注意要点如图9-5所示。

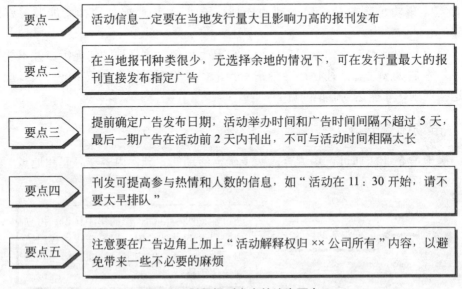

图9-5　利用报刊发布的注意要点

（2）电视。电视广告以滚动字幕或尾板方式配合，内容以介绍活动为主，辅以房地产企业或简单的楼盘介绍。

（3）电台。电台没有电视直观，更没有报纸拿在手中长时间翻阅的优势。用电台传播信息一定要反复强调具有吸引力的内容及活动的时间地点。几乎每个大中城市都有地产频道，这是房地产企业做电台宣传的重要阵营。

（4）网络。网络普及已经是不言而喻的了。利用论坛、微博、QQ群等方式传播消息，当然也可以在房产网等房产相关网站公布消息，以达到信息传播最大化及有效性。

（5）手机短信。手机短信的发布，就在于开发商以往积累记录的大量目标客户的联系方式。

（6）户外、车身广告。可以充分利用公交、巴士车身，以及竖立广告牌宣传，但发布消息时间要长一些。

2.活动现场布置

活动现场布置得好，可以使活动进行得有条不紊，增加活动气势和氛围，吸引更多人参与。以下物品是在大型活动中所必备的。

（1）写有活动主题的大幅横幅或热气球、充气拱门等。

（2）突出楼盘形象和活动主题内容的大幅展板和背板。

（3）挂旗、桌牌、大幅海报、宣传单等。

（4）咨询台、赠品（礼品）发放台、销售台等。

（5）可以根据活动主题安排真人扮演小丑等。

3.活动人员安排

（1）主持活动人员。

（2）足够数量的促销服务人员，并佩戴工作卡或绶带，便于识别和引导服务。

（3）现场要有一定数量的秩序维持人员。

（4）现场咨询人员、促销人员既要分工明确又要相互配合。

（5）应急人员。

4.选择节日主题

根据每个节假日选择相应的节日主题是非常重要和关键的。

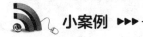 **小案例** ▶▶▶ --

活动主题：中秋节放花灯祈福活动

活动目的：结合开盘仪式，通过传统节日的活动，制造社会影响力、增加现场人流量、营造人文社区氛围，促进项目销售。

活动形式：

（1）借中秋节举行中秋晚会，邀请业主及目标客户在项目湖面举行"放花灯祈福"的活动，并聘请专业模特表演"中国民族服饰时装SHOW"。

（2）同期举行"湖光山色赏月夜"游园活动，利用天然湖泊进行花艇赏月、庄园生活体验。

5.活动公关联络

提前到工商、城管等部门办理必要的审批手续。

六、现场执行要点

在进行活动策划时，需要注意掌握现场执行要点，具体如图9-6所示。

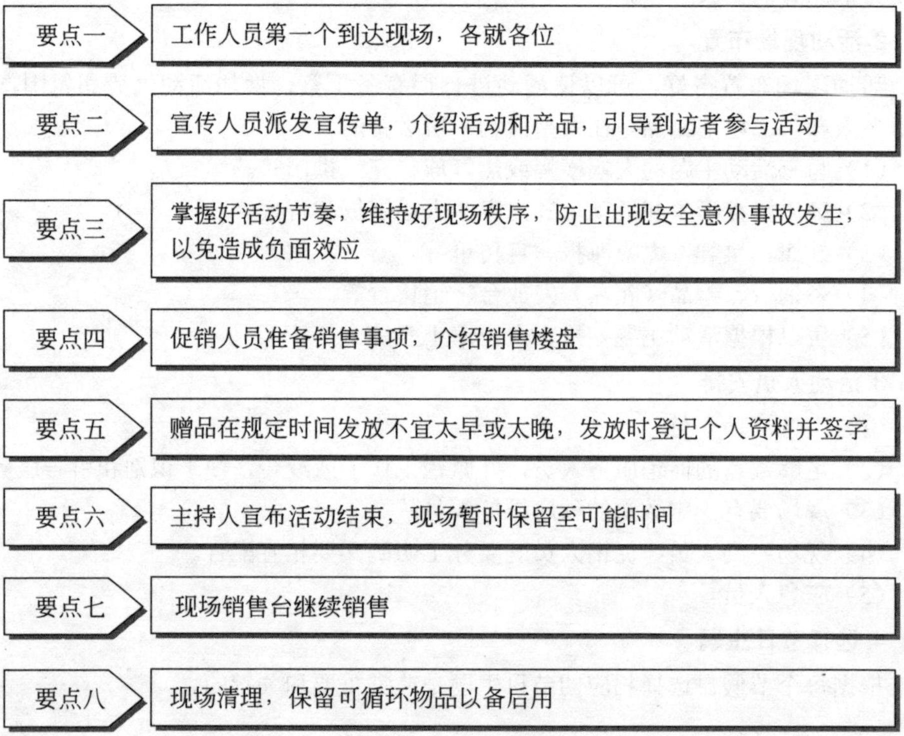

要点一	工作人员第一个到达现场，各就各位
要点二	宣传人员派发宣传单，介绍活动和产品，引导到访者参与活动
要点三	掌握好活动节奏，维持好现场秩序，防止出现安全意外事故发生，以免造成负面效应
要点四	促销人员准备销售事项，介绍销售楼盘
要点五	赠品在规定时间发放不宜太早或太晚，发放时登记个人资料并签字
要点六	主持人宣布活动结束，现场暂时保留至可能时间
要点七	现场销售台继续销售
要点八	现场清理，保留可循环物品以备后用

图9-6　现场执行要点

七、节日促销策划方案

下面提供一份××房地产国庆节促销策划方案的范例，仅供参考。

范例

××房地产公司国庆节促销策划方案

一、活动目的

（1）针对目前销售的进展情况，了解到股东优惠卡未完全发放到位，为了进一步充分挖掘集团内部客户资源。

（2）以项目本身的特色加大宣传，扩大品牌知名度和影响力，吸引更多的市场目光。

（3）快速积累新客户，为项目的开盘作前期酝酿，加快口碑传播，争取更多关注，促进销售。

二、活动时间

单位定点宣传：9月20日～10月20日

团购促销时间：9月28日～10月28日

三、活动内容

（一）活动一

1.活动主题

金秋送爽快乐到家。

2.活动时间

9月20日～10月20日。

3.活动目的

本活动主要以宣传为主，分两批完成。

第一，直接到集团各子单位及县市宣传本项目的最大特色和卖点，扩大品牌影响力，挖掘集团各子单位的潜在客户。同时，深入宣传内部股东购房优惠活动内容与团购活动内容，让各单位员工进一步了解项目优势和集团总公司主要精神。

第二，在本地一些人流量较多，人口集中的地方做现场展示，设点咨询，扩大品牌知名度，积累客户资源，为开盘奠定基础。

4.活动地点

主要宣传单位：×××。

5.活动准备

（1）咨询处横幅一条，海报30张。

（2）面包车一辆。

（3）《认购须知》、户型单张、折页、DM等若干。

（4）置业顾问相关必备资料二套以上，客户登记本一册、公司账户若干。

（5）园林设计方案一套，彩色打印稿，图钉一盒。

（6）音响一套，专业录音光盘一张，折叠式咨询桌2张，太阳伞2把。

（7）各子单位主要负责联系人一人。

6.主要联系内容

（1）场地的安排，要求在单位的办公区或住宅区人流节点位置。

（2）音响电源安排。

（3）工作人员的餐饮、住宿安排。

（4）其他工作衔接及联络。

（5）海报张贴。

（6）时间安排，根据各子单位的实际情况，来确定具体时间及天数。

7.人员安排

去各子单位安排一人，项目部3～4人。

（二）活动二

1.活动主题

庆国庆，金秋送爽齐购房，惊喜实惠。

2.活动时间

9月28日～10月28日。

3.具体内容

（1）凡在9月28日至10月7日的新客户（vip客户除外），凡任购住房一套，在享受相应优惠后，每套住房均送5008元红包一个。

（2）9月28日～10月28日，凡同时购三套以上（含三套）住房的新客户，均可视为团购客户，可在享受相应的付款方式优惠后，每套住房均送8008元红包一个。团购10套以上的，优惠另议。

（3）股东客户可组团购房，达到团购要求可享受团购优惠。

（4）以上活动内容不重复，不累加。

（5）本活动最终解释权归公司所有。

4.广告宣传（略）

四、费用预算

略。

第十章　大客户营销模式

阅读提示：
　　大客户业务是房地产企业最为稳定的一块，是许多房地产企业开发商可以积极争取的。

关键词：
大客户拓展
一对一营销
提升价值

一、大客户认知

　　大客户又被称为重点客户、主要客户、关键客户、优质客户等，有两个方面的含义，如图10-1所示。

指客户范围大，客户不仅包括普通的消费者，还包括企业的分销商、经销商、批发商和代理商	含义一	指客户的价值大小，不同的客户对企业的利润贡献差异很大，20%的大客户贡献了企业80%的利润
	含义二	

图10-1　大客户的含义

　　在大客户营销战略中的大客户，是指房地产企业所辖地域内使用产品量大或单位性质特殊的客户，主要包括经济大客户、重要客户、集团客户与战略客户，具体如图10-2所示。

类别一	经济大客户是指产品使用量大，使用频率高的客户
类别二	重要客户是指党政军、公检法、文教卫生、新闻等国家重要部门的客户
类别三	集团客户是指与本企业在产业链或价值链中具有密切联系、使用本企业产品的客户
类别四	战略客户是指经市场调查、预测、分析，具有发展潜力，会成为竞争对手的突破对象的客户

图10-2　大客户的类别

二、寻找大客户

所谓的大客户，就是市场上卖方认为具有战略意义的客户。大客户不同于一般客户，大客户经理也不同于一般销售员。大客户看重的不是某一个项目的市场如何强大，而是能够需要一个整体信息化解决方案，需要看到的是是否能够帮到他解决工作中的难题，能够产生多大的效益。

1.确定研究目标

通过客户资料的收集、分析，找出大客户，实施对大客户的个性化管理，并对其服务进行跟踪，及时改进服务，保持他们的忠诚。

2.拓展信息来源

房地产开发商应建立多渠道的、便于大客户与经销商沟通的信息来源，如销售中心、电话、呼叫中心、电子邮件、经销商的web站点、客户座谈会等。

3.大客户的信息收集

通过上述来源进行信息收集，包含的内容主要有：姓名、性别、年龄、职业、住址、电话、电子邮件等客户个人信息。包括客户的投资频率、投资金额、最近一次投资时间、投资品种、客户的还价能力、关注重点、购买习惯等购买历史信息。

4.大客户信息分析

对投资金额的分析让房地产项目开发商了解每个大客户在周期内投资量或服务的花费，这一指标是所有指标的支柱。

三、拓展大客户

大客户拓展具体流程如图10-3所示。

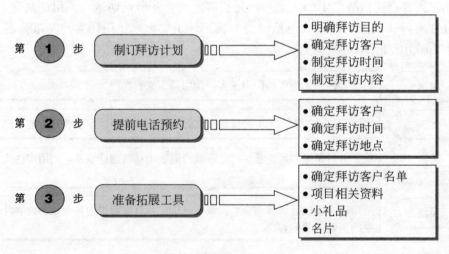

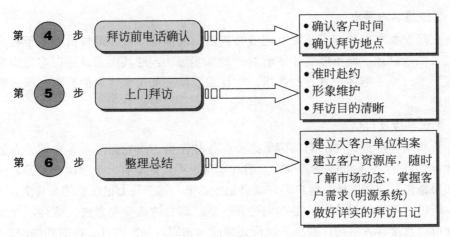

图 10-3 大客户拓展流程

四、大客户营销禁忌

大客户销售素以复杂度高而影响因素众多著称。但除去大量客观因素，大客户销售的主观成功因素其实也很简单：取决于销售员的态度和销售技巧。在此，总结了部分销售中的失误，以供参考。

1.不能真正倾听

销售新手习惯于以大量的述说来缓解销售中的紧张和不安，或者错将客户的沉默当作接受而滔滔不绝。因此，倾听在销售中很容易被忽略。过多的陈述一方面容易引起客户的反感；另一方面也丧失了获取客户内部信息的机会。如果言多有失，透露不应泄露的信息，就更是不好了。

2.急于介绍产品

"急于介绍产品"最可能的结果是在错误的时间，向错误的人说了错误的话。我们经常看到销售员与首位接电话或见到的人大力吹捧自己产品的特征和优点，而不管这个人是否对采购决策有影响。

客户组织内不同职能部门和不同层级的人，其关注的采购关键因素是不同的。财务部门最关心的莫过于采购价格，技术部门最关心的是技术的先进性和兼容性，使用部门最关心的是使用起来是否方便，而运维部门最关心的是运行的稳定性、故障率和售后服务。即使是同一部门同一层级的人，其最在意的因素也不一样。

比如，对笔记本电脑的采购，有的人喜欢轻薄的，便于携带；有的人喜欢大屏幕的，适合于编辑文档和看电影；有的人喜欢时尚，看重于外观和颜色，不一而足。

所以，一个万能版的产品介绍很难打动客户的心。

3.臆想客户需求

正确挖掘客户的需求是顺利完成销售活动的保证。很多销售员受困于客户的一些表面性陈述，而不能真正了解客户的真实想法。这其实都是挖掘客户需求的深度不够。要了解客户真正的需求，往往需要挖掘其需求背后的需求，问题后面的问题。

4.过早涉及价格

价格是客户最关心的购买因素之一。往往在第一次见面时，客户都会有意无意地问："这个产品价格是多少？"但其本身也不太期望有一个明确的回答。这时候如果销售员透露价格，客户通常就会记在心里，甚至马上记在你的名片上。

所以，报价的最佳时机是在沟通充分后，即将达成交易之前。这样，一旦报价就可以直接转入签约，减少了讨价还价的因素和时间。而且，在前期的沟通中，客户需求都明确了，产品的优点和缺陷都达成了谅解，这时候这些因素已不再构成降价的合理理由。

5.客户总是对的

"客户是上帝"是口号，不是商业活动的实质。因为，在很多时候，客户是无知的，或者是无理的，他们的要求是无法满足的。如果一味听客户摆布，不但使自己处于完全的被动状态，而且，不能得到客户的尊重。一呼即应的是仆人，而不会是平等的合作者。

在决定是否遵从客户的要求时，要区别对待，是基于"需求"还是一个随意性的"需要"。需求是同客户的长远目标一致的，是长期稳定的，是同其内在价值追求相一致的；需要则不同，是短期性的，甚至是一次性的，更为随意而无法坚持。需要通常都非常具体，并且对解决方法也有明确的描述。

销售员应该关注客户的长期目标，而非短期的需要；应该关注客户稳定的核心需求，而非随机的临时需要；应该关注能够满足的需求，而非无法满足或满足起来不经济的需求。以此为基础，才能合理对待客户的要求。

6.没有预算的概念

预算的概念应该从图10-4所示的两方面来认识。

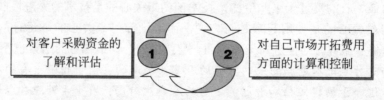

图10-4　预算概念的认识

搞清客户的预算情况（包括客户的财务状况、预算情况和预算决策流程）是销售员需要取得的最重要信息之一。而顶级销售员更是切入到客户的预算决策流程之中，引导客户安排预算，甚至在必要的时候临时增加或重新安排预算。

预算最容易失控的时期多是市场开拓期和市场成熟期。开拓时，为追求市场占有率，往往公司在投入上没有过多的限制，销售员则更倾向于宁多勿少；而成熟期，虽然业务的利润率大幅降低，但开拓期和成长期形成的费用习惯却并没有与时俱进。

7.不能有效影响决策者

从这种意义上来说，在整个销售的舞台上，销售员并不是主要的演员。相反，销售员也不应争做主角，而应成为导演，为演员提供道具，设计台词，促成他们为自己在客户组织内部完成推销，影响决策者。

所以，销售员能否直接影响决策者并不重要，重要的是不能忽略决策者在采购决策中的权力，应该有影响他们的途径。

8.无谓的闲谈

很多销售员倾向于花几个小时不着边际地闲谈，与客户"交朋友"，并将这认为是关系建立中有效的一种手段。

这种认识在十年前也许是正确的，当时客户都有大量的时间。现在，工作压力和时间紧迫是大多数组织的共性。无谓的闲谈不但会让客户心烦，还会降低自己给客户的专业感觉。而更重要的是，"和客户做朋友"并不是一种被广泛倡导的销售理念。

营销利剑

和客户建立的关系，是一种商业关系，而不是纯粹的私人友谊。后者对于一种长期健康的商业关系是一个不利的因素。

9.没有下一步的行动安排

销售员，特别是新手，往往容易将销售活动隔离开来，缺乏连贯性的考虑。造成的直接结果是第一次拜访中没有为下一次拜访留下伏笔，下一次见面也没有呼应和巩固上一次的效果。这样，很容易使销售活动变成零散的、单个性的行为。

其实，每一次拜访时，销售员都应想法为下一次见面进行铺垫，设计再次见面的理由。

比如，带户型图、楼书过来给客户看，邀请客户到公司参观，向客户要通信地址寄送公司的刊物，获取客户的EMAIL以传送项目的照片。

这些安排，如果能与客户事先沟通，可以减少很多不必要的麻烦，提高销售效率。

10.忽视客户差异

不理解每一个客户都有自己的特点，不会灵活处理是销售中一个常见的问题。造成这个问题的深层原因是销售员在拜访客户前已经手拿着某种非常具体的产品的宣传资料。也就是说，他们被所要推销的产品的具体形态所限制和束缚了。

在大部分时候，我们不能提供定制性的产品，而产品也只是根据大部分客户的需求设计出来的，或者只是对全部需求的折中和平均。但是，要想成功销售产品，就得考虑客户的差异，包括需求的差异、财务状态的差异、企业文化的差异等。

五、大客户营销要点

在大客户营销模式过程中，真正实现大客户的价值最大化是最终目的。但营销战略必须与企业文化、企业的成长战略及长远利益等相匹配。如果是透支了企业的发展资源或患了"近视症"，结果将会适得其反。相对其他的营销模式，大客户营销模式应该注意图10-5所示的几个要点。

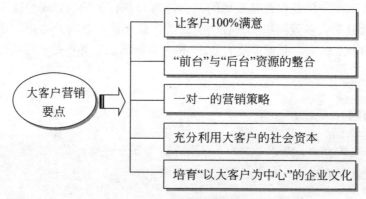

图10-5　大客户营销要点

1.让客户100%满意

房地产企业在以前的市场竞争中，往往会形成一种以企业本身利益最大化为唯一目的的企业文化。这种企业文化因为能够有效地使企业各项资源围绕企业如何获取更多利润而展开，在很长一段时间内促进了企业的发展。于是"以盈利为唯一目标"成为企业的金科玉律。在这一思想指导下，许多企业为获利自觉不自觉地损害客户利益，而导致客户的满意度和忠诚度很低。

而在大客户营销战略中，要将大客户作为企业重要的资产。因而企业应当更加重视客户满意、客户忠诚和客户保留，企业拥有了许多忠诚的客户后，再不断地升级相关的服务，这样在客户得到了100%满意的同时，企业也获得了很大的利润，真正实现了客户和企业的双赢。

2."前台"与"后台"资源的整合

传统企业在特定的经济环境和管理背景下，企业管理的着眼点在于内部资源管理，即企业管理"后台"部分。而对于直接面对以客户为主的外部资源的前台部分，缺乏相应管理。在大客户营销战略中，需重视前台资源的运用。要求企业将图10-6所示的五个经营要素全部围绕着以客户资源为主的企业外部资源来展开，实现前台资源和后台资源综合管理。

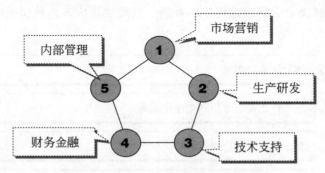

图10-6　前台与后台资源整合的要素

3.一对一的营销策略

随着社会财富的不断积累，人们的消费观念已经从最初的追求物美价廉的理性消费时代过渡到感性消费时代。感性消费时代最突出的一个特点就是消费者在消费时更多的是在追求一种心灵的满足，追求的是一种个性的张扬。因此企业要想赢得更多的客户，必须要能够为大客户提供个性化的产品和服务，满足不同类型群体的需要，实现从传统"大规模"文化向"一对一"文化的转变。

4.充分利用大客户的社会资本

客户成为企业发展的动脉，当客户这种独特的资产与其他资产发生利益冲突时，企业应当留住客户资产。因为客户资产将为企业带来长期效应，只要不断给予他足够的满意。企业通过实施大客户营销战略，利用大客户的口碑与其社会网络，来进一步优化企业客户资源的管理，从而实现客户价值最大化。

5.培育"以大客户为中心"的企业文化

根据美国营销学者赖克·海德和萨瑟的理论，一个公司如果将其顾客流失率降低5%，利润就能增加25%～85%。而大客户营销战略就是为了提高顾客的忠诚度和满意度，保留顾客。

因此，与大客户建立良好的关系是保证业务收入稳步增长、提高市场占有率的重要手段。房地产企业想推进大客户营销战略，就要实行客户经理制，为大客户提供差异化服务。在战略上充分重视大客户对企业发展的重要性，在产品服务、价格、服务等级等方面给予大客户优质满意的服务，满足大客户的个性要求。

六、大客户营销战略

在产品同质化现象日趋严重和企业间竞争异常激烈的今天，营销战略已成为企业制胜的法宝，一方面企业营销活动的最终目的是用最小的成本来实现最大的收益；另一方面营销策略必须与企业的战略相结合，为了同时达到上述两方面的效果，有效地解决企业营销过程中的难题，就要实施大客户营销战略。具体如图10-7所示。

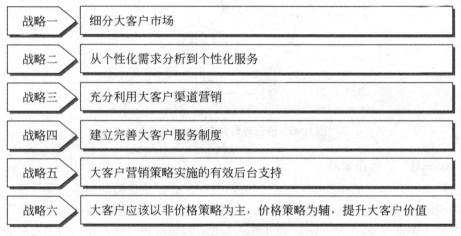

战略一	细分大客户市场
战略二	从个性化需求分析到个性化服务
战略三	充分利用大客户渠道营销
战略四	建立完善大客户服务制度
战略五	大客户营销策略实施的有效后台支持
战略六	大客户应该以非价格策略为主，价格策略为辅，提升大客户价值

图10-7　大客户营销战略

1.细分大客户市场

为了针对大客户能更有效、更有针对性地开展服务，满足大客户的需求、进一步地细分大客户市场成为大客户营销的重要工作，甚至可以将具有特色的单个用户作为一个细分的市场。最后再进行不同层次、不同行业、不同特性的服务产品的市场定位、开发、包装和营销。

与其说市场细分是一个将市场分解的过程，不如说它是将市场按照特征分类之后再重新汇聚的过程。经过这一筛选、分类的过程，才能更加清楚细致地明确大客户市场对企业服务的需求。同时，准确的市场细分也是企业运营商进行业务创新的前提。谁能率先细分出特定的、有一定规模效益的、相对成熟的消费群体，谁就能在业务创新上把握先机。

2.从个性化需求分析到个性化服务

充分理解大客户的需求，做到"比客户更了解客户"。对大客户进行个性化需求分析，具体包括图10-8所示的内容。

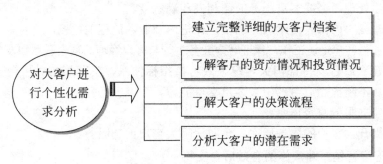

图10-8　对大客户进行个性化需求分析

同时根据每个企业不同的业务模式对具体问题进行具体分析，为客户制定出更有针对性、更切实可行的个性化产品、服务和解决方案。针对不同行业特点提供个性化服务显得尤为重要。个性化的完善服务，更具备高度的灵活性、扩展性和持续服务的能力。

营销利剑

大客户的服务既有统一的普遍服务的原则，也要针对不同的客户群有精细服务的策略，站在具体用户的角度，制定更具灵活性、实用性的功能与流程以及相应的业务策略，切实提高大客户满意度。

3.充分利用大客户渠道营销

为进一步促使大客户渠道的扁平化，房地产企业可实行客户经理个人责任制，明确客户经理的职责和服务范围，加强客户经理的培训和绩效考核工作，建立一支高效运作的客户经理队伍，增强大客户渠道能力。

除了强化自身的营销渠道外，企业还应充分利用房地产代理商的渠道力量，推动新业务发展和保留客户。但要明确规定业务代理商的任务和权限，采取适当的合作措施，以避免与自身渠道发生冲突。此外，还应加强与国内外开发商的合作，利用业务互补拓展本企业的业务。

4.建立完善大客户服务制度

服务是企业非常重要的一项任务，首先应该树立"做到真正以客户为中心，全心全意为客户着想"的服务理念；其次，建立服务管理机构，完善各项保障制度，具体包括以下几点。

（1）设立大客户部和设立专人负责大客户服务质量管理。

（2）建立大客户申告投诉管理流程，贯彻客户首问负责制，保证客户申告投诉得到快速处理，提高客户服务的便利性和满意度。

（3）建立"内部客户承诺"制度，促进内部业务流程的通畅。

（4）加强客户走访工作，保证客户业务主管与客户经理的紧密联系和友好关系。

（5）建立后台支持部门大客户绩效考核指标体系，贯彻落实对后台支持部门考核责任，不断提高后台部门大客户支持能力。

（6）建立服务监督体系。

（7）提升大客户的服务层次，全面保障大客户优越服务。

5.大客户营销策略实施的有效后台支持

首先，企业应做好建立大客户档案的基础工作，整理现有大客户和潜在大客户的资料，为实施客户关系营销策略提供有力依据。

其次，对客户关系进行分析评价，鉴别不同类型的客户关系及其特征，评价客户关系的质量，并及时采取有效措施，保持企业与客户的长期友好关系。

再次，根据不同等级服务的要求实施不同级别的服务，如走访制度、座谈会，努力与大客户建立相互信任的朋友关系和互利双赢的战略伙伴关系。

最后，要建立大客户俱乐部，开展各项活动，增强客户经理、客户业务主管与高层管理人员个人关系，在省市级层面组织各类客户联谊活动，加强信息和情感沟通，同时加强高层公关营销。

6.大客户应该以非价格策略为主，价格策略为辅，提升大客户价值

房地产行业应遵照市场经济的基本规律，即使在市场竞争最激烈的时刻，也不能低于成本进行"价格战"，那无异于"饮鸩止渴"。因此，大客户营销应以非价格策略为主，价格策略为辅，避免步入困境。

首先，建立以市场为导向的、以成本为基础的价格机制，制定综合服务协议，明确各子公司的价格优惠权限，提高各子公司对大客户营销的价格优惠的灵活性。

其次，区分大客户的价格敏感度，通过产品和服务差异化转移客户对价格的敏感度。根据客户不同情况，为大客户提供整体业务优惠计划；根据市场竞争状况，对有流失风险的大客户给予适当的折扣。

最后，通过培训提高客户经理谈判能力，降低优惠幅度，尽量避免恶性价格战。

七、大客户营销策划方案

下面提供一份××购物中心大客户营销方案的范例，仅供参考。

××购物中心大客户营销方案

一、背景

（1）5月份大量的楼盘将放量推盘，竞争将会呈现白热化。在没有具体的硬件设施可以呈现给客户的情况下，如何通过营销手段，尽早锁定客户资源，成为本项目营销成功的基础。

（2）通过前一阶段对周边大客户的开发与推广，已经积累了一些客户资源，但这些客户仅停留在推××购物中心时了解的阶段，要锁定这些客户需要通过一些促销的手段达成成交。

（3）若错过5月份这段关键的大客户推广时间，相信前期开发的客户将有一定的流失。

二、目的及意义

（1）结合认购卡的操作方案，可以迅速收取一批客户的诚意金，提前获得正现金流，达到借鸡生蛋的目的。

（2）通过大客户购买优惠折扣方案，结合认购卡的操作，几乎不需要投入什么资金，就能锁定前期开发的大客户，并收到相当数额的诚意金。

（3）通过锁定的这一批大客户，进行新一轮的"口碑传播"推广，扩大××购物中心的影响力。

（4）借助前期开发的大客户以周边高等院校为主，一旦成功认购，则可对××购物中心的高素质业主展开全面的宣传。

三、VIP大客户的推广流程

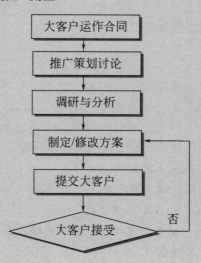

四、VIP大客户推广的目标客户

（1）外地驻当地大型企业。

（2）国外大机构办事处。

（3）大型国有企业。

（4）电子商务企业。

（5）政府事业单位。

（6）科研机构。

五、人员部署

总统筹协调：

（1）人

（2）总负责

1人负责总体工作统筹安排、各配合部门的工作衔接。

（3）具体执行

①3人负责安排阳光大使开发新的大客户和各项后勤工作安排。

②3人负责原有大客户的拜访、联系，落实活动时间安排，客户资料管理（包括资料收集、录入、归档，电话回访）。

③2人负责活动策划及活动实施的配合。

④2人负责对第三方活动效果监控、销售工作监控。

⑤2人负责跟进广告公司工作，配合落实物料准备和媒介实施跟进，负责各阶段活动现场摄影和记录、媒体报道和礼品准备。

六、VIP大客户推广计划安排

1.第一阶段（3月1日～3月31日）

（1）外地驻当地大型企业。

（2）国外大机构办事处。

（3）大型国有企业。

（4）电子商务企业。

（5）政府事业单位。

（6）科研机构。

此阶段主要进行上门推广，扩大接触面和影响面。

2.第二阶段（4月1日～4月30日）

重点与关键人物接触，对关键人物进行宣传推广。

3.第三阶段（5月1日～6月10日）

邀请关键人物参与"新生活之旅"，通过关键人物的口碑传播扩大影响，并分别到各机构进行产品说明会。

第十一章 品牌营销模式

阅读提示：

　　在激烈的市场竞争下，房地产企业的营销已从产品营销阶段进入到品牌营销阶段。

关键词：
品牌构建
品牌宣传
品牌维护

一、房地产品牌营销的概念

　　房地产品牌是由发展商在进行房地产项目开发经营的同时，有计划、有目的地设计、塑造并由社会公众通过对房地产项目的形象、品质和价值的认知而确定的项目商标和企业商标，其本质是公众对发展商和其开发的房地产项目理性认识和感性认识的总和。

　　房地产品牌由企业品牌和项目品牌共同构成。这一概念主要包括图11-1所示的五方面要素。

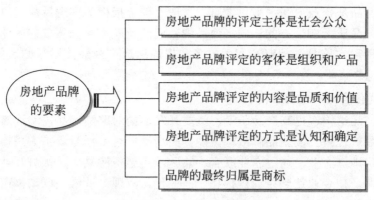

图11-1　房地产品牌的要素

　　房地产品牌营销是指房地产商借助品牌的力量及魅力开拓市场，提升企业的知名度和美誉度，以求在日趋激烈的市场竞争中能够脱颖而出，这是未来房地产企业市场竞争的必然趋势。品牌营销的核心是客户需求导向，一切都以客户为中心，增加客户对企业和项目的认同度和美誉度。

二、房地产品牌营销的意义

在房地产行业，成功的知名品牌往往意味着楼盘设计科学、布局合理、质量上乘和物业服务的成熟，同时也意味着更多的市场占有率、更高的销售利润预期和更好的口碑。因为相比其他不知名的品牌，消费者将更信赖拥有知名品牌的房地产商，这样企业通过提升产品、质量、功能、服务等希望影响消费者的选择，但最终只有通过消费者的切身体验，品牌的价值才能得以体现。

具体来说，房地产实施品牌营销，具有图11-2所示的意义。

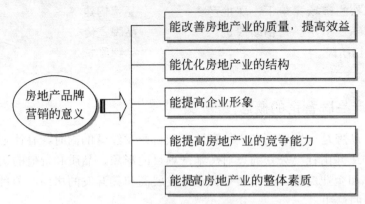

图11-2　房地产品牌营销的意义

1.能改善房地产业的质量，提高效益

品牌产品是企业内在水平、素质、管理等综合指标的客观反映，也是消费市场对企业产品质量和信誉的认同，而品牌效应能反映市场消费取向，体现产品优胜劣汰，所以实施品牌战略有利于改善和提高房地产业经济运行的质量和效益，提高企业综合素质。

2.能优化房地产业的结构

调整产品结构、提高产品质量，就要开发适销对路新产品，淘汰滞销低劣产品，扩大品牌优势。实施品牌战略，能提高房地产企业质量、扩大规模、去粗取精、优化房地产企业，通过企业联合、兼并，实施资源共享、优势互补的内涵式扩大再生产，使企业达到企业规模化、产业化，实现产业链条联动，由数量速度型转向集约型。

3.能提高企业形象

品牌蕴含和传达着企业全方位的信息，是企业内在水平、素质、管理等综合指标的客观反映。品牌产品是消费市场对企业产品质量和信誉的认同，实施品牌战略能提高企业形象、信誉和经济效益。

4. 能提高房地产业的竞争能力

品牌具有一种特殊效应，是商品的认知标志。在众多商品中，能够让客户熟悉、接受的只是少数。一旦为大众熟悉、接受，就能大大提高传播的速度与效果。实施品牌战略能使企业在竞争中居于主动地位，扩展市场范围，提高房地产业的竞争能力。

5. 能提高房地产业的整体素质

由于多种因素限制，我国房地产业还处于低水平状态，欠缺技术人才和管理经验，实施品牌战略能提高企业整体素质、技术水平和管理水平，优化产业结构，提高经济效益。

三、品牌营销的关键

房地产品牌营销的关键，即社会责任价值观。通过品牌背后富含社会责任的企业文化，赢得消费者和公众对房地产品牌的认同，已成为一种深层次、高水平和智慧型的竞争选择。

营销利剑

房地产企业主动创造机会履行社会责任，把社会事业与企业竞争战略有机地结合起来，也是提升房地产品牌知名度的有效途径。

对房地产企业而言，社会责任如图11-3所示。

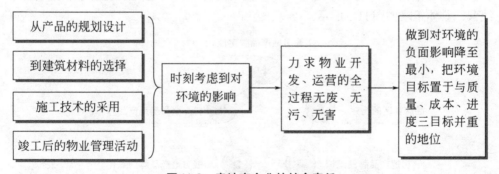

图11-3 房地产企业的社会责任

另外，有了品牌不等于企业就是进了保险箱，品牌的建设与管理要靠创新来支撑。在品牌运营管理的众多因素中，品牌创新是第一位的，是最重要的驱动因素，是品牌的根基。企业只有掌握强有力的知识产权，使产品具有技术领先优势和独特的个性特征，才能在竞争激烈的市场中夺取更大的市场份额。名牌产品不但要靠创新能力，更重要的是提高创新速度，来引领行业发展方向。只有"创新"加"超前"才是制胜的利器。品牌创新的方式如图11-4所示。

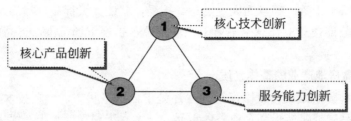

图 11-4　品牌创新的方式

房地产业多年来存在着产品类型单一、千楼一式的状况，产品和服务创新的速度迟缓。而不断提升产品和服务的功能、效用和价值，是市场最根本的需求，也是符合房地产企业品牌营销发展规律的。因此，房地产企业的创新行为是值得推崇的。

四、房地产品牌经营策略

品牌已不仅是作为产品的代名词，它已涵盖了企业声誉、产品质量、企业形象等多种内在涵义。企业总是通过自己的经营行为、创新活动，力图与顾客建立起以品牌为纽带的联系，顾客则依据自己的偏好、需求，从众多竞争产品中选择自己所喜爱的品牌，两者的结合则是品牌经营。

对于我国的房地产企业来说，随着核心资源的市场化分配途径逐步完善，消费者对商品的需求体现出注重品质和个性化的特点，房地产发展商必须重视品牌经营。具体策略如图11-5所示。

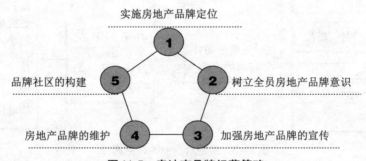

图 11-5　房地产品牌经营策略

1.实施房地产品牌定位

品牌定位不仅仅是为了实现产品差异化，更重要的是为了实现品牌差异化。随着市场竞争的日益加剧，同一行业中各企业产品的差异化越来越难以形成，由于交通条件改善，各项配套的完善，消费者在购房时对地点已不再那么强调，而建筑的立面、平面布置又容易被模仿，因此利用房产的风格、文化、个性等无形因素及其给消费者带来的精神和情感性利益，来塑造房地产企业品牌的独特而有价值的形象，以期进入消费者的心智，占据有利的心理据点，就成为房地产企业品牌定位时首先应当考虑的。

房地产企业品牌的定位并非一成不变的。由于消费者的要求不断变化，市场形势变幻莫测，房地产企业品牌随着市场需求的变化，企业的战略调整，原来的定位可能已无法适应新的环境，对房地产企业品牌应当根据实际情况进行重新定位，突出个性。

个性就是差异，品牌标志着产品的特殊身份，将自身与其他产品区别开来。突出个性就是创立品牌，每一个品牌都有自己特定的内涵，表明有独特的目标市场和共同认知的产品客户群。

营销利剑

房地产企业在开发前期策划时，要突出自己的品牌个性，而不能盲目跟风。

2.树立全员房地产品牌意识

房地产业创建品牌，很重要的一点就是整个企业的品牌意识问题。房地产企业应该清醒地认识品牌在市场的地位和作用，审时度势，从上到下转变观念，确立以市场为导向，树立和强化品牌意识，并贯彻到每个员工，贯穿于企业的生产、经营和管理的每个环节，落实在每个项目的决策、设计、施工、销售和服务之中，把企业的品牌理念转化成消费者认可的品质、赞誉的服务等实实在在的利益。

现在房地产业很流行的CRM管理体系，从企业全员行为的角度来讲，就是对品牌创建的有力的推动。

比如，招商地产的CRM已经上线运行，其他房地产企业也在紧锣密鼓地推进。全员品牌意识的强化是万科成功的重要因素，在其一贯坚持的"全面立体化发展模式、专业化的基础、以客户为中心的经营理念、优质的设计服务"的经营原则中，万科打造出了精品住宅系列，赢得了消费者，在市场上树立起了响亮的品牌。

3.加强房地产品牌的宣传

目前，消费者对于住房除了要求品质功能完善之外，同时要求住房的休闲性、保健性、文化性含量提高。对此发展商不仅要注重这方面的建设，而且要让买房客户能感受到。这实际上就是希望让客户增强对项目的感性认识，而创造并丰富感觉，正是公关活动的强项所在。

房地产品牌的宣传可以有多种途径，具体如图11-6所示。

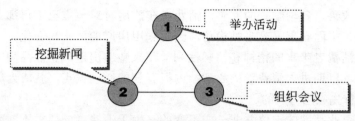

图11-6　房地产品牌的宣传途径

（1）举办活动。在各种公共手段中，活动可能是最具个性化的工具之一，发展商可以根据自己的目标，结合当时当地的情况发展出适宜的、有针对性的、有创意的活动。包括联谊、竞赛、演出、旅游、休闲等。

比如，广州某项目不惜重金举行国宝巡回展，以此来体现企业实力和社会责任感。

（2）挖掘新闻。邀请专家或名人讲话，举办新闻发布会，公司高层领导参加各种新闻活动等，这些新闻都有利于建立公司形象，扩大公司影响。

新闻的挖掘和创造需要讲究一定技巧，具体如图11-7所示。

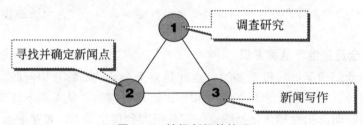

图11-7　挖掘新闻的技巧

策划人员不能只有制造新闻故事的技巧，好的策划人员还应该了解新闻机构的趣味偏好和时效偏好，若公司高层领导人已经成为知名人物，其言行举止都代表着企业文化的浓缩，都受媒体关注，善于把握，同样有利于宣传企业品牌。

（3）组织会议。组织会议是政治公关运用最多的策略，随后被广泛引用到房地产业领域。在房地产界，这一公关形式时下已颇为壮观。组织包括多种，有购房人组织、业主组织，还包括发展商组织，通过组织的创造有利于强化目标对象的归属感，也有利于增进沟通效率。

4.房地产品牌的维护

房地产市场是一个逐步发展的市场，消费者和发展商逐步成熟，在市场的发展过程中，难免会出现一些问题，关键是怎样去对待，这就需要从长远利益打算，进行品牌维护。而且，房地产项目开发周期长，经营风险大，增大了品牌维护难度系数。可见，市场在不停地变，企业品牌维护是从品牌诞生伊始的一项长期性工作，它贯穿品牌发展的整个过程。

对品牌的发展状况进行长期跟踪，定期进行品牌健康测量，以及早发现问题，及时对症下药，以保持品牌的高知名度、消费者高忠诚度。品牌从消费者的角度来说，是对产品如何感受的总和。

（1）品牌维护的内容。品牌维护就是维护品牌在消费者心目中的地位，增强品牌对消费者的持续影响力，品牌的建立是以消费者需求为中心，品牌的维护仍然要从消费者出发，要注意消费者与品牌接触的每一个方面。

（2）品牌维护的方法。品牌维护的方法是通过品牌质疑，品牌质疑可以用来审视品牌究竟向市场传递了一些什么样的信息，当然这些信息实际上也就是最终造就了品牌特征的那些东西。

（3）品牌维护的措施。品牌维护的措施是营造良好的品牌内部环境。虽然品牌特征要依赖消费者和潜在消费者生存，但它却是所属公司成员塑造出来的，品牌特征由公司创造的同时，公司的每个成员必须不断地热情支持品牌的建设与发展。

营销利剑

事实上公司的每个成员都在为品牌的发展和营销做贡献，公司的每个成员好比品牌使者，代表着品牌公司成员和外界接触的每一刻，都在传播企业的品牌特征。

5.品牌社区的构建

一个好的房地产项目应该是一个好的社区，一个大众喜欢的、好的品牌房地产项目，必须要构建一个好的社区。

一个完整的社区包括图11-8所示的要素。

图11-8　完整社区的要素

一个品牌社区在构建时就需要考虑到完整社区所包含的所有要素，在社区范围内尽可能让这些要素达到优化组合。对于房地产企业来说，品牌社区的要点是物业品牌营销。随着人们生活水平的提高，对生活方式和生活质量的要求也随之不断提高，物业的职能不再仅仅是保证社区安全，保持社区环境清洁，它已发展到为社区的业主提供一种和谐的自然生态环境、营造一种文化的氛围、倡导一种生活方式的概念。从社会学的角度认识房地产品牌，它是一个社区系统，是社区文化的营造。

人总是生活在一定的社区中，房地产品牌社区就是要塑造社区成员对本社区的心理归属感。人们在自己所居住的社区中与别人建立各种社会关系，如血缘关系、邻里关系、商业关系等。社区中有具备很多满足生活要求的商业服务配套设施，很大程度上讲，这些设施满足了社区中成员心理、生理以及自我发展的需要，久而久之，就会对社区建立起一种特殊的感情。

总之，随着房地产行业各项制度的不断完善，给房地产市场带来巨大的挑战。房地产开发企业在维护自身健康有序发展的同时，必须完善企业品牌建设，提高企业自身的竞争力和影响力，在巨大的市场竞争中充分发挥企业的市场优势，才能在激烈的市场竞争中立于不败之地。

五、房地产品牌营销策略

品牌营销即品牌化活动，它需要企业运用战略营销观念，依靠自身力量并整合社会资源，进行长期的人力、财力、智力投入，通过一系列有计划、有组织、创造性的经营活动来实现。其营销策略如图11-9所示。

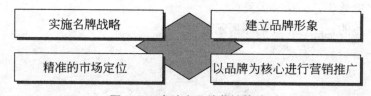

| 实施名牌战略 | 建立品牌形象 |
| 精准的市场定位 | 以品牌为核心进行营销推广 |

图11-9　房地产品牌营销策略

1.实施名牌战略

创名牌是品牌营销的前提和基础。实施名牌战略就是将创立房地产名牌以战略目标来对待，并贯穿于房地产项目的规划设计、施工、销售诸环节之中。

（1）要进行科学而准确的市场定位，这是创名牌的前提和基础。

（2）要建造高品质的产品，这是创名牌的核心。

（3）要实行优质服务，这是创名牌的保证。它贯穿于售前、售中和售后服务的全过程。

（4）要设计、彰显不同于竞争对手的、适合目标消费者差异化的个性产品。

比如，结构差异、功能差异、环境差异、风格差异、文化差异或它们的组合，个性可产生差异化的竞争优势。

（5）要树立创新的观念，创新是品牌发展的动力，同时也渗透到创名牌的其他方面。

2.精准的市场定位

作为房地产企业，必须有前瞻性的眼光，敏锐的市场洞察力，为自己的房产进行精准的市场定位。而精准的市场定位是建立在缜密的市场调查基础之上，许多成功的品牌都有其较好的市场定位。

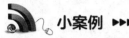 **小案例** ▶▶▶

奥林匹克花园以"科学运动、健康生活"为开发理念，以"居住在运动"为形象定位，以"更快、更高、更强"的奥林匹克精神为文化底蕴的大型体育主题连锁社区。奥林匹克花园以推动全民健身和体育产业化进程为根本宗旨，积极实践体育产业和房地产业的资源共享和互动发展，同时大力倡导平等和谐、健康向上的企业文化，开创了一个全新的居住理念，巧妙地将奥林匹克文化融入社区，实现体育与房地产的完美联姻，同时大胆跳出传统建筑工艺思路，实现运动和健康生活互动。

3.建立品牌形象

通过品牌的整合规划和管理，向目标消费者全方位、有效地传递品牌的核心价值和个性，建立良好的品牌形象。

（1）品牌整合规划。品牌整合规划包括确定品牌定位、品牌核心价值观和建立品牌的识别体系及明确相互关系，具体如图11-10所示。

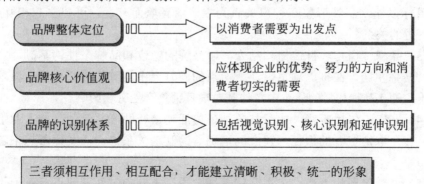

图 11-10　品牌整合规划

（2）建立品牌建设的评估标准和管理系统。品牌管理系统的建设主要包括图11-11所示的三个方面。

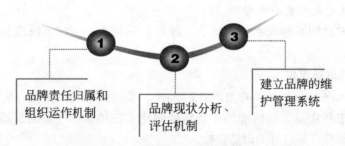

品牌责任归属和组织运作机制

品牌现状分析、评估机制

建立品牌的维护管理系统

图11-11　品牌管理系统的建设

品牌管理需要建立品牌建设的评估标准，评估指标体系主要包括以下两方面。

第一，结果性指标，包括品牌知名度、顾客品牌忠诚度、品牌美誉度、品牌市场占有率等。

第二，过程性指标，如媒体文章数量或报道数量、参与各种活动数量、营销效果评估等。

4.以品牌为核心进行营销推广

为了充分发挥品牌的价值，房地产企业在营销推广时必须以独特有效的传播方式将其传播给消费者，并结合其他方式进行整体营销。

（1）传播主题与品牌定位的一致性。确定了品牌定位，就明确了传播的对象、方式、途径、范围、媒体的选择、诉求的重点，有利于加强传播的针对性，提高传播的效率。传播主题来自于并服务于品牌定位，通过传播主题，精确、生动地向目标受众传递品牌的核心价值和个性，从而有利于建立良好的形象。所有的传播创意和诉求都应紧紧围绕这个主题进行。

（2）长期目标和短期目标相结合。具体说，短期目标以促进项目销售为主，长期目标以建立品牌形象和客户关系为主，两者兼而有之，可建立起相互结合、相互促进的关系。

（3）品牌传播与项目传播相结合。以品牌的定位和品牌个性为基础，制定项目品牌传播主题，在推广项目、注意卖点的同时突出品牌的核心价值，将项目品牌的推广纳入品牌传播的体系中，使其对项目销售产生有利影响。

（4）非广告传播策略。如参与各种公关活动、赞助公益活动、加入业主俱乐部等，在争取消费者的信任，建立同消费者的互动关系方面，发挥着越来越重要的作用。

（5）整合传播的策略。在不同的发展阶段，不同的时间、地点，对于不同关系者，如顾客、合作者、政府机关，各种传播手段的重要性不同，因此在品牌推广的重点和投入方面应有所区别和侧重，这样才能给关系者、客户提供更多价值和利益，传播才更有成效。

六、品牌营销实施要点

房地产企业实施品牌营销战略，需要企业结合自身实力明确能提供什么样的产品，并随着消费者需求的变化调整品牌服务内容。在实施中，应做到图11-12所示的几点。

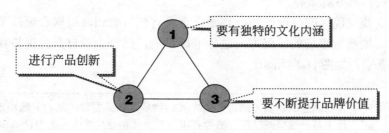

图11-12　品牌营销实施要点

1.要有独特的文化内涵

实施企业品牌经营，要赋予企业及其产品独特的文化内涵，使企业的产品文化与企业文化一致，产品文化体现企业文化的内涵。

根据马斯洛人性需求原理，消费者选择物业就是选择一种认同感，寻求一种归属感。房地产企业所塑造的品牌形象及其所诠释的产品文化要满足人们的心理需求，赋予产品合乎需求的内涵，营造适宜的文化氛围来迎合消费者的心理。

一个房地产企业往往开发的物业种类多种多样，如居住、商业、公益等，开发时间也有先有后。在对各种产品进行个性化产品定位的基础上，统一整体风格，体现品牌特色，提升品牌价值，是企业品牌经营的核心所在。它从多方面体现了企业的经营能力，决定了企业市场竞争力的强弱。

因此，在建立品牌营销战略时，房地产企业要注意品牌定位的时间与空间的整体性，采取独立的产品品牌与企业品牌相结合的策略，具体如图11-13所示。

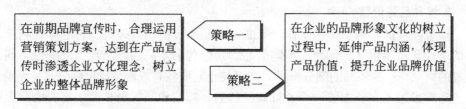

图11-13　产品品牌与企业品牌相结合的策略

2.进行产品创新

在保证产品价值高的基础上，进行产品的创新。产品价值是顾客期望从某一特定产品或服务中获得的利益，它包括产品价值、服务价值、人员价值和形象价值。房屋具有必需品和奢侈品二重属性，大部分人在必须购买房屋的基础上，要接受房屋的高价格。许多人要为之付出一生积蓄，在购买时将会注重房地产的各个方面，从外形到内在牢固性，从前期购房服务到物业管理服务。

因此，房地产企业在制定品牌营销战略时要注重产品各个方面价值的保证，如房屋质量、服务质量等。

经过实践发现，产品价值的提高要求企业有创新意识，根据宏观政策的发展和市场的周期性对市场的发展方向进行准确推测，结合企业自身的优势找出适合企业的创新点，如图11-14所示。

创新点一 ▷ 开发理念的创新，结合不断发展的物质文化需要对产品的主题和定位进行丰富，选择同时符合消费者审美观念及企业品牌内涵的设计

创新点二 ▷ 项目建设过程的创新，利用新技术，新系统对项目基建过程进行合理优化，达到项目资金、质量和时间三大控制的合理化，项目团队的竞争化

创新点三 ▷ 销售服务的创新，结合企业及产品的品牌特色，达到销售流程合理化、销售人员素质提高化及销售服务品牌化

图11-14 企业的创新点

在客户服务上，通过对物业公司、客户服务部、工程项目部信息共享化的基础上，不仅要保证社区的安全，注意对社区环境的维护，更要解决业主平时生活上的维修服务，规范收费标准，做到物业管理品牌化。

房地产创新不仅是体现在产品形态上的创新，还体现在通过了解消费者投资心理的研究上所做出的投资价值创新。最终品牌理念渗透到房地产的全周期，用品牌来影响消费者的心理对消费者做出科学的指导，达到提高客户满意度的目的。

3.提升品牌价值

注重品牌的定位和维护工作，不断提升品牌价值。准确的品牌定位有利于产品的个性化与特色化的创建，不同的品牌定位代表不同的产品特色，满足不同消费者的需求，适应不同的细分市场，能够使企业资源有效地与特定细分市场结合。

品牌维护工作能加强消费者对该品牌的认知度和品牌美誉度，使房地产企业保持或增加市场占有份额。为了能使房地产企业在知名度上更上一个台阶，进而

可以在销售价格上有所提升、成本缩减、扩大市场占有份额，以实现对企业的可持续发展提供强有力的支撑，企业应做到图11-15所示的几点。

要点一	要建立品牌管理系统和品牌评估系统
要点二	要持续一致地投资品牌，持续不断地深度开发品牌产品，深化品牌内涵
要点三	要不断强化品牌的正向扩张力，扩大市场占有率，扩大品牌认知度和美誉度

图11-15 品牌维护工作要点

第十二章　网络营销模式

阅读提示：
　　以互联网作为信息传播媒介的网络地产营销，正在房地产界内掀起一场引领时代的变革。

关键词：
网络推广
网站建设
软文发布

一、网络营销的概念

　　房地产网络营销是指企业利用计算机系统、在线网络和相互作用的数字媒介进行市场调查、产品推销等一系列经营活动，从而更有效地促成个人和组织交易活动的实现，以达到房产营销目标的一种营销方式。

二、网络营销的特点

　　与传统的营销方式相比，房地产企业是利用互联网媒体广泛的传播能力，就能把自身的信息准确地传递给购房者，为销售业务带来了一个全新的发展空间。具体来说，房地产企业利用网络营销，具有图12-1所示的特点。

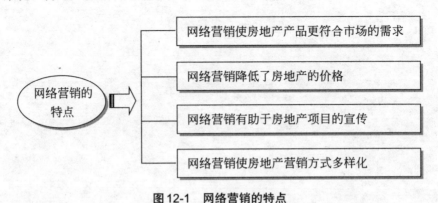

图12-1　网络营销的特点

1.网络营销使房地产产品更符合市场的需求

　　对房地产开发企业来说，房地产市场信息无疑是非常重要的资源，其中不仅

124

包括未来市场的有效需求、购房者偏好的变化、目标购买人群的构成、竞争对手情况及竞争楼盘特征，甚至还包括流行的建筑设计风格、新兴建材的信息等。

在房地产开发阶段，网络有助于开发商在调研过程中获取大量的市场需求信息，为市场细分及设计项目结构奠定坚实的基础，为房地产项目开发做出良好的导向，从而为市场提供更准确的产品。

在房地产销售阶段，由于开发商与购房者可以通过网络进行快速、直接的沟通，开发商可以收集到购房者及潜在购房者对现有项目的反馈意见，实时掌握市场需求、消费者偏好以及对价格的承受能力等情况，从而能提高企业对市场的快速反应能力，提高决策的正确性和预见性，最终增强市场竞争力。

2. 网络营销降低了房地产的价格

网络有助于开发商在采购过程中降低造价，从而降低产品价格。

一方面，房地产企业可以利用网络获得建筑材料的价格信息，在对各种采购价格比较的基础上，择优采购。另一方面，还可以借助于网络实现行业联盟，形成采购的规模经济，达到降低采购价格的目的。

比如，自万科集团建立了"建材采购中心网络"后，万科各地产公司每年总计约10亿元的建材采购项目已经全部在该网络上招标采购。据该公司的研究报告指出，通过网上集体采购，最高可节省成本25%。

3. 网络营销有助于房地产项目的宣传

与传统媒体广告相比，网络宣传的优势很明显：网络广告实时成本低、传播范围广、针对性强、交互性强，有助于双向沟通。房地产企业在产品开发的前、中、后期有计划地制作和发布楼盘相关信息，可以使购房者随时了解楼盘的整体概况及基本框架，使购房者感受到开发商及产品的可靠性，从而获得购房者的信赖，增强购房者对该楼盘的购买信心，也可以为开发商赢得更多潜在客户。

4. 网络营销使房地产营销方式多样化

利用网络房地产企业可以提供多种售房模式，如：网上订购、网上定制、网上拍卖、网上办理购房手续等，以方便客户。网上订购是由购房者先通过系统平台进行订购，经开发商确认拥有其所订购户位优先购买权的售房模式，这已经被许多开发商推广。

三、网络营销的优势

网络营销以其开放的中介市场、快捷的信息传播、自由的供求关系，为房地产企业和消费者节省了大量的交易成本和时间。具体来说，网络营销具有图12-2所示的优势。

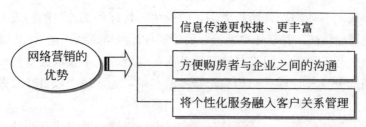

图 12-2　网络营销的优势

1.信息传递更快捷、更丰富

互联网可以承载海量的信息，互联网所提供的多媒体信息，不但可以提供商品的文字和图片介绍，还可以通过虚拟实景技术实现对商品的三维动态展示，这一点对于房地产商品尤其有利。

房地产产品是一种复杂产品，消费者购买房产时需要获得大量的信息，要仔细考虑诸多问题。

比如，房屋产权是否合法、销售合同的签订与公证、产权证的办理；住宅设计是否合理、装修标准是否满意、工程质量有无保证、公共设施是否完备、物业管理是否优良；住宅售价能否承受、付款方式能否接受，按揭付款的计算等。

显然，房地产消费属于一种高介入程度的消费模式。对于这种消费模式，商品提供者提供的信息越全面越细致越有利于把握消费者。通过网络，房地产企业可以及时了解到消费者对其产品的反应情况，迅速对其产品、款式、价格等做出调整。同时，房地产企业也可以通过网络很方便地统计出有多少人访问过自己的网络和特定的内容，他们有哪些特征，从而可以更好地开发合适的新产品，锁定目标市场，满足消费者的需求。

2.方便购房者与企业之间的沟通

每个消费者的个人偏好不一致，营销理论发展了这么多年，所希望的仍然不过是在最合适的时间把最适合的商品提供给最适合的消费者，互联网通过神经网络系统和协同过滤系统为商品提供者提供了实现这一愿望的工具。

比如，当我们在搜索引擎中输入"房产"关键字时，网站将明白我们有意寻找房产信息，于是它除了可以为我们显示搜索结果外，还可以为我们提供房产广告之类的信息。协同过滤系统通过研究顾客过去的行为来预测顾客未来的行为，如果我们曾经有过点击房产信息的行为，当我们再次进入网址时，它将自动给我们发出房产广告信息。

3.将个性化服务融入客户关系管理

网上售房这种消费模式在客观上需要房产销售者进行CRM——客户关系管理，即为企业提供全方位的客户视角，赋予企业更完善的客户交流能力，最大化客户的收益率。CRM 本身并不是软件技术，而是一种管理策略和商业模式。但是软件技术是 CRM 的有力支持，并将 CRM 软件支持系统称为 CRM 系统。它的宗旨是为了满足每个客户的特殊需求，与每个客户建立联系，据此了解客户的不同需求，并在此基础上进行"一对一"的个性化服务。其实质是通过改善企业与客户之间的关系，以吸引和保持更多的客户。

利用 CRM 系统，企业能搜集、追踪和分析每一个客户的信息；利用 CRM，企业和客户的关系以及企业盈利都可以得到最优化。CRM 的功能可以归纳为图 12-3 所示的三个方面。

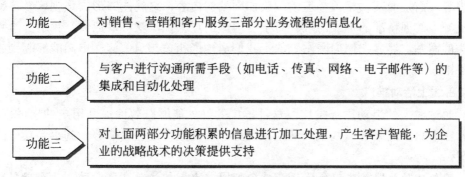

图 12-3 CRM 的功能

互联网的全天候的服务方式不但满足了消费者沟通的愿望，而且为卖方提供了便捷的客户关系管理工具，而这将为销售者降低销售成本，在网上答复更多的客户提问，提供个性化的服务，满足消费者的差异化要求，提高客户满意度，并通过满意的消费者带来新的消费者。

四、网络推广的方式

房地产企业网络推广的方式有图 12-4 所示的几种。

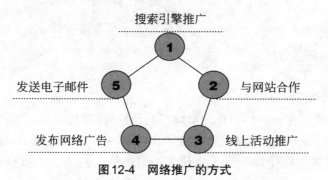

图 12-4 网络推广的方式

1.搜索引擎推广

通过搜索引擎来推广，这是目前非常重要的推广方法。因为通过搜索引擎能够有效地提升网站的精准流量，利用搜索引擎来推广的核心就是通过SEO，当然只提升在搜索引擎里面的排名还是没有什么用的，重要的是如何打造好的内容和筛选高质量的长尾关键词。

2.与网站合作

通过和自己类似的网站进行频道的合作，比如把自己的频道放上别的网站频道内容，而别的网站相关频道也放我们网站的内容，这就能够形成强强联合，整合资源，实现精准的推广需求。对于房地产门户来说，就可以把装修频道分给装修类的网站，然后在他们网站上放上我们房地产相关频道，这样自然能够起到相当不错的效果。

3.线上活动推广

通过线上的活动进行推广，这种推广的好处能够有效地提升用户的忠诚度，通常在节日期间或者一些重大活动期间进行活动推广，往往能够起到事半功倍的效果。

比如，房产网就比较合适在房博会期间推出各种注册有奖活动，从而吸引大量的会员。

4.发布网络广告

房地产网络广告主要包括固定广告、弹出窗口广告、浮动广告、Flash广告四种类型。网络广告具有受时空限制少、信息容量大、即时更新、自由查询等特点，同时它还具有很强的交互性与感官刺激性，并且其受众可通过点击次数准确统计，正好匹配房地产广告信息量大、时效性强、广告受众经济层次高的特征。

营销利剑

目前，房地产网络广告正以其制作成本低、超越时空限制、可随时更新、动态跟踪统计效果等优势而日渐成为房地产广告的中坚。

5.发送电子邮件

电子邮件的主件与附件可作为房地产商品宣传的载体。由于互联网上电子邮件的普遍使用，使得电子邮件已经超越了原有的网上通信交流工具的范畴，成为网络营销的重要促销手段。电子邮件营销的优势主要体现在图12-5所示的四个方面。

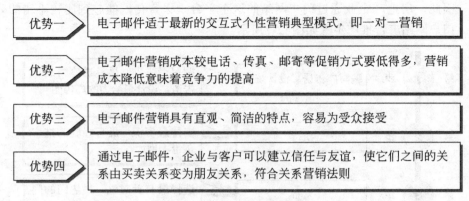

图 12-5　电子邮件营销的优势

五、网络营销要点

房地产网络营销要点如图 12-6 所示。

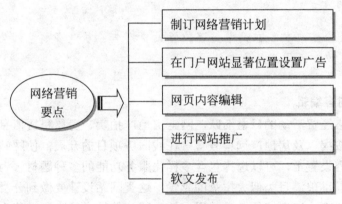

图 12-6　网络营销要点

1.制订网络营销计划

房地产企业要进行网络营销活动，首先必须进行网络营销战略策划，确定营销对象，以及网络的访问者可以在这里得到哪些有价值的房地产和营销者信息，根据本企业的自身特点和房地产行业的特点，选择采用多种网络营销方式，拟订房地产营销计划。

2.在门户网站显著位置设置广告

门户网站已经成为中国网民打开浏览器后最先进入的网站，通过门户网站来了解各项综合信息，而门户网站也随着发展，建立了不同行业的专业频道。伴随着频道的逐步成熟，各种交流信息和宣传也在相关频道上进行着操作和达成。

因此，房地产企业通过门户网站的这个平台上去宣传，能起到比较不错的效果。门户网站广告推广步骤如图12-7所示。

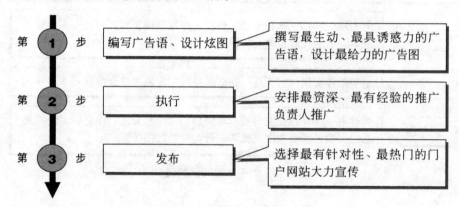

第1步 编写广告语、设计炫图 —— 撰写最生动、最具诱惑力的广告语，设计最给力的广告图

第2步 执行 —— 安排最资深、最有经验的推广负责人推广

第3步 发布 —— 选择最有针对性、最热门的门户网站大力宣传

图12-7　门户网站广告推广步骤

营销利剑

选择黄金广告位，在网站显著位置设置广告，从众多网络广告中脱颖而出，能够有效传递品牌内涵。

3.网页内容编辑

随着网络经贸活动的日益活跃，网上房地产拍卖、房屋租赁信息交流、网上评估、网上按揭以及房地产远程教育等在线服务项目的开展，使网站题材丰富多样。网站内容设置上，可以选择包含多样化服务功能的多种题材。为了避免因题材多，给人以琳琅满目类似大拼盘的感觉，这类网站设计要做到分类合理、主题鲜明、层次清晰，以良好的视觉效果，体现网站的技术能力和经营实力；也可以选择一种或几种题材，将其做细做深，以个性化、差异化的风格，打造网站的经营品牌。

从目前网站运营的效果看，提高网页内容的更新率是吸引顾客浏览的关键问题。要实现内容的即时更新，就必须不断收集、整理和充实有关信息，还应建立强大的数据库系统，以支持照片、图片、图形及商品信息的上传与下载。

4.进行网站推广

在各种传统新闻媒体广播、电视、报纸上宣布网站的建立，在自己的宣传手册、信封、所在地制作互联网域名标志，并对自己的网络站点进行广告宣传，介绍上网访问方法，不时通过传统媒体发布自己站点新鲜内容的介绍，吸引新老网民访问网站，扩大网站的影响。

5.软文发布

软文是基于特定产品的概念诉求与问题分析，对消费者进行针对性心理引导的一种文字模式，从本质上来说，它是企业软性渗透的商业策略在广告形式上的实现，通常借助文字表述与舆论传播使消费者认同某种概念、观点和分析思路，从而达到企业品牌宣传、产品销售的目的。

地产软文属于广告范畴，是具有多重技巧性的广告形式。与时下普遍流行的地产硬性广告相比，地产软文之所以叫作软文，精妙设计之处就在于一个"软"字，好似绵里藏针、收而不露、克敌于无形。地产软文追求的就是春风化雨、润物无声的传播效果。吸引消费者仔细阅读后，等消费者发现这是一篇软文的时候已经达到营销目的。

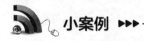 **小案例** ▶▶▶ --

> 对很多人来说，宜春的冬季因为阴冷而显得非常漫长，尤其是老人和小孩深受冬季冰冻之苦。如果把家安在名月一品，你却会发现这里的冬天不再漫长。
>
> 奥秘在于名月一品的地板下预装的一张张薄如纸、类似 X 光片、长达数米的电热膜。名月一品以超前的规划意识，携央视上榜品牌，全球最大地热生产厂商"中惠地热"强势登陆宜春，成为宜春首家安装地热的高档楼盘，结束了宜春无地暖历史。

一般来说，地产软文有以下几种写作方式。

（1）悬念式。悬念式也可以叫设问式。核心是提出一个问题，然后围绕这个问题自问自答。

比如，"真的可以赚得盆满钵满么？""什么才是品质住宅？"等。

通过设问引起话题和关注是这种方式的优势。但是必须掌握火候，首先提出的问题要有吸引力，答案要符合常识，不能作茧自缚漏洞百出。

（2）故事式。通过讲一个完整的故事带出产品，使产品的"光环效应"和"神秘性"给消费者心理造成强暗示，使销售成为必然。

比如，"1.2亿元买不走的秘方""神奇的植物胰岛素""印第安人的秘密"等。

讲故事不是目的，故事背后的产品线索是文章的关键。听故事是人类最古老的知识接受方式，所以故事的知识性、趣味性、合理性是软文成功的关键。

（3）情感式。情感一直是广告的一个重要媒介，软文的情感表达由于信息传达量大、针对性强，当然更可以叫人心灵相通。

比如，"老公，烟戒不了，洗洗肺吧""女人，你的名字是天使""写给那些战

'痘'的青春"等。

情感最大的特色就是容易打动人，容易走进消费者的内心，所以情感营销一直是营销百试不爽的灵丹妙药。

（4）恐吓式。恐吓式软文属于反情感式诉求，情感诉说美好，恐吓直击软肋。

比如，"血脂，瘫痪的前兆！""天啊，骨质增生害死人！""洗血洗出一桶油"等。

实际上恐吓形成的效果要比赞美和爱更具备记忆力，但是也往往会遭人诟病，所以一定要把握度，不要过火。

（5）促销式

比如，"北京人抢购××、××在香港卖疯了""一天断货三次，西单某厂家告急"等。

这样的软文或者是直接配合促销使用，或者就是使用"买托"造成产品的供不应求，通过攀比心理、影响力效应多种因素来促使你产生购买欲。

六、网络营销推广方案

下面提供一份××地产网络营销推广方案的范例，仅供参考。

××地产网络营销推广方案

2017年是××地产大量推盘的一年，也是××品牌重要的品牌宣传年。××地产在××有着成功的开发经验，回首过去，无论是销售速度还是营销手法都不断缤纷出彩，着眼现在，××地产两个高端项目同处城市中心，同期销售，推盘量剧增，××品牌逐渐提升与放大，势必在市中心掀起一场销售大战。

一、网络营销整体思路

（一）网络营销目的

（1）宣传本项目，为项目销售积累客户，促进项目销售，扩大项目的品牌和市场知名度。

（2）宣传××地产品牌，提升企业知名度、认可度和美誉度，为企业的后期产品销售打下市场基础。

（二）网络推广方式

（1）活动推广线。通过一系列网络主题策划活动，提高新闻曝光点，带来人气，带动产品销售。

（2）产品推广线。对项目全方位立体宣传，通过各种网络资源手段定期系列宣传项目和企业。

（3）广告推广线。长期固定广告位与重点节点重大广告位相结合。

二、活动推广思路

两个项目尽管市场定位、客群界定方面有所不同，但从当前市场形势来看，首次置业和改善置业等刚性需求依然存在，且在一段时间内是市场的主导，客户的购房需求仍很旺盛。经过前期与发展商和代理公司的深入沟通，××房网针对项目的不同客群为××地产量身定做了一系列活动，意在与客户进行心灵的沟通，结合楼盘诉求、聚集人气、促进销售，从而打造一个2017年××楼市的经典营销案例。

本系列活动分春华、夏馨、秋实、冬韵四个阶段，配合项目全年开盘、强销、加推、持续的销售节点，通过《我和春天有个约会》、《夏日嬷嬷茶》、《温暖的秋天》、《冬日恋歌》四个主题活动次第展开。

三、活动推广计划

（一）第一阶段：春华

1.主题

《我和春天有个约会》。

2.时间

3～5月。

3.背景

开盘及开盘前的客户积累期，需要迅速传播项目的知名度，提升现场人气，奠定项目的时尚、现代、高端形象。

4.内容

（1）活动。略。

（2）落地。活动在项目现场举行，提前到现场和网上报名，增加现场人气和人流量；积累客户资料，后期跟踪转化；随即发布开盘信息。

5.网络运用

（1）××房网首页、论坛、虔诚热线首页、女性频道、生活频道、家园频道、宽频频道发布活动广告。

（2）制作活动网站跟踪体现系列活动全程，网上积累客户，融入项目宣传。

（3）××房网新闻、论坛、专题、博客、频道跟踪配合炒作。

（4）针对目标区域，跟踪网友IP地址和QQ群进行定点广告投放。

（二）第二阶段：夏馨

1. 主题

《夏日嬷嬷茶》。

2. 时间

6～7月。

3. 背景

市场将经受由旺到淡再转旺的变化，推广上将为后期加推积累客户；随着项目建设进度的推进，现场感更强；学生放假，以家庭为单位的亲子活动增多，活动目标以家庭为主。

4. 内容

（1）活动。略。

（2）落地。所有活动在售楼部举行，带动现场人气；现场报名与网上报名结合，吸纳人群，积累客户；活动内容网上体现，通过活动专题体现项目特色和区位优势。

（3）创新。将明星见面会与该明星的电影片段反串秀比赛相结合，增加看点和娱乐性；幸运者和优胜者提供××迪斯尼乐园免费旅游。

5. 网络运用

（1）××房网首页、××热线首页、宽频频道广告参与活动召集。

（2）通过专题发动网上抢票，积累客户，融入项目宣传。

（3）××房网新闻、论坛、专题、博客、频道跟踪配合炒作。

（4）网上专题××公仔展和××电影海报展。

（三）第三阶段：秋实

1. 主题

《温暖的秋天》。

2. 时间

8～10月。

3. 背景

金九银十，项目销售进入强热阶段；项目现场展示面也更加丰富和生动。

4. 内容

（1）活动。略。

（2）落地。大赛专题与项目专题相结合进行宣传；在××或者××项目现场报名；在项目现场婚纱拍摄。

（3）创新。大赛在去年的基础之上增加已婚女性参加，扩大影响力和参与度，并针对项目的业主，设立"美丽新娘"等奖项。

5.网络运用

（1）此活动××房网已成功举行一次，有着丰富的操作经验和一批活动的忠实参与者和Fans，并持续维护着Fans QQ群和大赛专用论坛，至今依然活跃，资源可直接调动。

（2）所有决赛照片均印上项目LOGO和广告语，以增加项目的宣传力度和传播力度。

（四）第四阶段：冬韵

1.主题

《冬日恋歌》。

2.时间

11～12月。

3.背景

年终将至，项目进入了销售的冲刺阶段；动用老客户，带动新客户是营销推广的主旋律。

4.内容

（1）活动。略。

（2）落地。答谢客户和业主，刺激目标客户，以老带新，促进销售。

（3）创新。答谢会与新娘大赛颁奖同时举行，由获奖者表演节目，配合××游大奖举行。

5.网络运用

（1）在网上制作图片、视频展，记录业主们在××的游玩情况。

（2）××房网新闻、论坛、新房、博客、视频配合炒作与宣传。

四、费用预算

略。

第十三章 微信营销模式

阅读提示：

众多房企高度重视微信在营销领域的运用，并与传统营销模式有机结合，以促进楼盘的推广和销售。

关键词：

营销体系

粉丝经济

微信推广

一、微信营销的认知

微信营销是网络经济时代企业或个人营销模式的一种，是伴随着微信的火热而兴起的一种网络营销方式。微信不存在距离的限制，用户注册微信后，可与周围同样注册的"朋友"形成一种联系，订阅自己所需的信息，商家通过提供用户需要的信息，推广自己的产品，从而实现点对点的营销。

二、微信营销的优势

微信营销是网络时代对传统营销模式的一次创新，为众多行业都带来了契机，为企业管理者拓展了新的营销思路，借助微信平台可以实现品牌推广、渠道扩展和客户服务等功能。在房地产项目营销中应用微信营销，具有图13-1所示的优势。

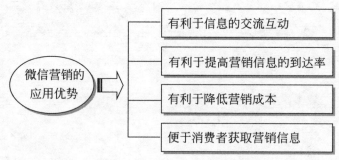

图 13-1　微信营销的应用优势

1.有利于信息的交流互动

房地产企业利用微信来进行营销，能够对消费者的反馈意见加以收集，并借助微信公众平台的数据统计功能，统计分析消费者的分布情况、关注情况和主要意见集中点等，从而达到营销方案的优化，增强营销效果。

2. 有利于提高营销信息的到达率

微信营销作为一种"许可式"的营销，主要是由消费者采用账号输入或二维码扫描等方式，对企业的官方微信进行添加，从而接受企业推送的营销信息，具有较高的信息到达率。

3. 有利于降低营销成本

以往的营销方式需要耗费较多的成本，如纸质宣传单、电视、报纸和户外广告等，这些都需支付高昂的费用。而微信营销主要是基于免费的微信平台，许多功能可实现零费用使用，并充分利用企业现有的网络设施、网络资源和营销团队，降低营销成本。

4. 便于消费者获取营销信息

微信营销属于一种全天候、移动式和富媒体的营销，消费者只需通过手机或官方微信等，就可获取楼盘的实景图片、户型图和交通位置等信息，让消费者轻松系统了解楼盘的相关信息，激发消费者的购买兴趣。

三、微信营销的方式

微信一对一的互动交流方式具有良好的互动性，精准推送信息的同时更能形成一种朋友关系。基于微信的种种优势，借助微信平台开展客户服务营销也成为继微博之后的又一新兴营销渠道。微信营销的方式有表13-1所示的几种。

表13-1 微信营销方式

序号	方式	说明	备注
1	漂流瓶	把消息放进瓶子，用户捞起来得到信息并传播出去	随机方式推送信息
2	位置签名	在签名档上放广告信息，用户查找附近或者摇一摇的时候会看到	路牌广告，强制收看
3	二维码	用户扫描二维码，添加好友，进行"互动"	表面是用户添加，实际是得到用户关系
4	开放平台	把网站内容分享到微信或者微信内容分享到网站	与各种分享一样
5	语音信息	通过语音推送和收集信息，类似微信热线	
6	公众平台	微博认证账号，品牌主页	专属的推广渠道

四、微信公众号

微信公众号分为公众平台服务号和公众平台订阅号。公众平台服务号旨在为用户提供服务；公众平台订阅号，旨在为用户提供信息。订阅号与服务号各有优劣，具体如表13-2所示。

表13-2 订阅号与服务号的优劣

序号	账号类型	优势	劣势
1	订阅号	（1）可以每天推送消息 （2）保持较高的曝光率 （3）用户无需到店也能及时获得优惠	（1）消息被并入二级菜单，打开率低 （2）需要专人长期进行维护 （3）顾客需要回复关键词才能进行互动
2	服务号	（1）顾客能直接收到消息提醒 （2）顾客可以通过底部自定义菜单直接找到优惠信息 （3）方便顾客使用 （4）使用服务号的都是大企业，有利于树立品牌形象	每月只能发送1条信息

五、微信营销体系

房地产企业搭建的微信营销体系，一般如图13-2所示。

图13-2 微信营销体系

1. 展示

展示体系如图13-3所示。

通过微信平台全面展示钢都花园的户型、服务、简介等，让用户随时查阅钢都花园的信息，有效传播品牌文化，便于分享。

在微信聊天窗口自定义菜单，直接点击菜单查看相关功能。打造便捷易推广的微信内置 APP，提高用户体验。

图13-3　微信营销体系——展示

2. 运营

（1）运营核心。运营核心如图13-4所示。

互动与服务，透过服务、透过贴心的对话来实现营销目的。

运营微信的初期，微信应当成客服工具，通过微信给客户提供实时化、个性化、移动化的客户体验，提高用户黏度。

逐步把客户过渡为客户关系管理工具，通过微信管理客户关系。通过深层次分析客户，向不同类型客户推送精准消息、服务及活动，达到营销目的。

图13-4　运营核心

（2）运营规划。运营规划如图13-5所示。

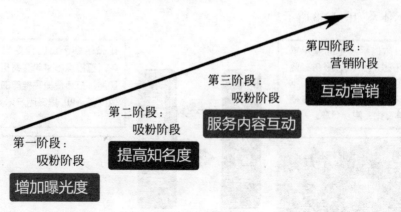

图13-5　运营规划

3.互动

（1）对外。根据一年中重要的节点（如节日）以及楼盘项目阶段性的动态，策划一系列线上线下相结合的互动性活动，吸引新客户。

（2）对内。根据一年中重要的节点（如节日）以及已有业主所在小区的阶段性动态，策划一系列线上线下相结合的互动性活动，服务老客户，带动推广宣传。

（3）推广

①依托现有媒体资源（报纸、电视、户外、网站等）进行植入式宣传。

②在售楼部附近放置印有二维码的宣传品，进店扫描二维码领奖，将顾客发展成为粉丝。

③通过互动活动、内容策划、增加服务功能引导老业主关注、分享，增加公众号曝光率，吸引新粉丝，发展新业主。

④找到目标人群的圈子（如论坛、贴吧等），通过这些平台的社交账号进行推广。

⑤发放电子会员卡，精准收集意向会员数据。

六、微信营销与粉丝

1.粉丝经济

微信粉丝不同于明星的粉丝。微信粉丝与微信拥有者其实是生产者与消费者的关系，生产者提供产品、知识、技能等消费者需要的东西，消费者便主动依附于你，购买你的产品，听你讲的知识，从而带来经济效益，便称之为粉丝经济。

微信营销归根结底就是粉丝营销，粉丝为王，拥有粉丝就拥有了客户。那么，怎样才能拥有自己的粉丝，怎样才能拥有自己的精准粉丝，怎样才能让粉丝主动与你合作，怎样才能实现二次传播，这些都是微信营销要解决的问题。

2.粉丝积累

对于房地产企业来说，微信营销第一步就是有数量众多的粉丝，通过在粉丝中推广营销来提高受众，增加潜在客户。当微信公众平台有了一定数量的微信粉丝之后，营销计划才可能会有效果，才能看到微信营销的威力。

在微信中，用户可以经过扫描辨认二维码身份来增加伴侣、重视企业账号。企业可以设定本人品牌的二维码，用折扣和优惠来招引用户重视，拓宽微信营销的推广形式。

房地产企业要利用微信吸收更多的粉丝，可以采取线上线下结合的方法进行，尽量争取更多的粉丝，并努力将他们发展成自己的客户。

线下永远是搜集微信精准粉丝的最佳渠道，所以房地产企业一定要做好线下客户的积累，而不是盲目地利用各种网络渠道去推广公众号和二维码，微信的营销不在客户数量而在客户质量，只要有精准的粉丝，就算粉丝量只有几百人，都能把粉丝非常有效地转化成购买者。具体方式如图13-6所示。

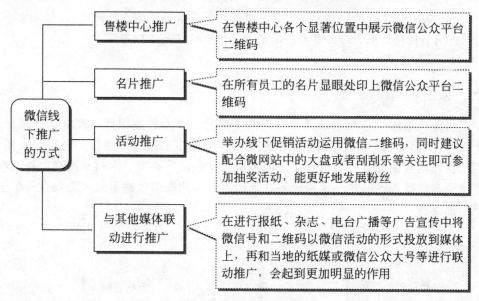

图13-6 微信线下推广的方式

3.粉丝维护

在完成最初的粉丝积累后，通过对微信的日常维护，可以将优惠信息推送给顾客，刺激顾客二次消费；也可以通过微信和粉丝互动，提升顾客活跃度；或者是推送美文通过软性的营销手段塑造企业品牌形象，提升品牌在顾客心中的形象。

微信公众平台需专人每日进行维护，可通过线上线下的互动或推广进行维护。

其中最好的维护方式就是有奖互动。

下面提供一份××房地产有奖互动活动方案的范例，仅供参考。

有奖互动活动方案

一、线上

（1）参与趣味问答活动，抽取用户，赠送礼品或20元手机话费（问答以楼盘项目相关产品知识为主，当场签收）。

（2）每日发送时事新闻或幽默话题，吸引粉丝每日关注。

二、线下

（1）公众平台更新（周周更新、周周新资讯）。

（2）粉丝互动（回复应答、建立粉丝圈）。

（3）会员系统（分组管理、定期激活、筹备活动、节日问候）。

（4）粉丝为王（粉丝自主发动活动、粉丝建议采纳公开）。

七、微信营销推广

房地产市场综合来看，通常分为两个部分：个人住宅项目与商业地产项目。个人住宅通常是由家庭来决定购买意愿，在家庭中占据主导地位的通常是女性，因此在微信营销计划制订过程中，要把握住女性消费心理；而商业地产项目过程中，更多需要考虑的是场地用途等其他因素，因此微信营销策划人需要有一个全局的把控能力。

下面以个人住宅项目为例，可将房地产微信营销详细分解为图13-7所示的五步。

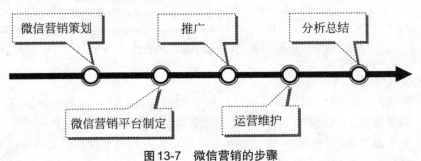

图13-7　微信营销的步骤

第一步：微信营销策划

微信营销策划就是将地产项目与微信营销结合起来进行定位，具体如下。

（1）客户定位。房子是针对年轻群体推出的，还是别墅型针对高收入群体推出的？先明确你的目标客户是哪一部分人群，有针对性地结合这些人群的心理特点去分析。

（2）产品定位。你所出售的房子是属于田园风格，还是地中海风情，或者欧美风又或者是饱含古典文化特色的中国风。户型的大小也会对房屋整体风格产生影响，在微信平台将这些特色一一展现出来。

比如，可以拍一部浪漫的田园风情微电影，或者拍一些漂亮的照片，或者书写一些房子的美好故事。

（3）价格定位。价格怎样定才合理？可以在微信公众平台发起问卷调查，综合分析用户的心理价格来确定。

（4）营销策略定位。营销的方式有很多，传统房地产的营销方法通常是以线下为主，通过聘请一些兼职人员发放大量的传单，或者做大量的户外广告，或者展会。那么做微信营销，是否需要将营销主力引入线上，或者线上线下结合的方式来进行？这些营销人员都必须谨慎考虑。

营销利剑

在整个的微信营销过程中，房地产企业需要明确定位的目的是协助或者主导楼盘的宣传推广，帮助房地产的营销人员在不同渠道创造更多销售机会，促进客户的购买率。

第二步：微信营销平台制定

房地产企业和餐饮企业不同，消费者每天都需要吃饭，但对于房子的购买，可能20年或者30年才会有一次，是一辈子的家。因此，在制定微信营销平台时要考虑到这些因素，要让购房者在多次的查看、对比、咨询过程中，既能够方便客户节省时间，又能够让客户全面了解详细信息。因此对于公众账号名称拟定、微信官网建设、微信栏目架构都要拟定一个详细的方案。

第三步：推广

微信营销中，推广是重要的一步，很多房地产企业会大量地做广告，户外广告、电梯广告、公交站牌广告，随处可见房地产广告的身影。将微信营销结合起来，又该怎么去推广呢？具体方法如图13-8所示。

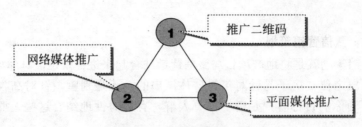

图13-8　微信营销推广方法

（1）推广二维码。在客户最常见到的户外广告上印上二维码，扫一扫二维码就能领取礼品是最简单的方式。其实，能够印制二维码的地方有很多，可以在DM宣传杂志、楼盘宣传手册、户型图和员工名片上印上二维码。

（2）网络媒体推广。可以与合作的媒体互推，也可以在门户网站进行推广，借助名人微博、微信大号、朋友圈、微信群、知名论坛等推广，还可以通过百度竞价、网盟来推广。

（3）平面媒体推广。在×展架上、报纸杂志上都可以印上二维码，还有电梯广告上也可印上二维码，二维码的设计可以是围棋状也可以是用蛋糕盘托着的二维码等。

第四步：运营维护

（1）日常互动。房地产微信营销运营人员可以在微信平台和用户一起互动。比如随时发起一些大转盘、抽奖、房屋装修知识问卷。借助经过微信二次开发后的会员系统，对客户分组管理，定期向客户发起一些问候。

（2）特殊时期活动。重大节日或者有大的事件的时候，可以结合做一些有针对性的节日活动。

比如，元宵节即将到来，可以策划一项元宵节微信活动，让客户能够感受到切实的关怀；情人节可以做情人节活动，又有趣又吸粉；即将来到的中秋节，可以策划一起中秋节微信活动，让客户能够感受到切实的关怀，而不仅仅是一个房屋销售人员。

第五步：分析总结

（1）日常分析。对日常的工作中微信后台的数据进行分析，并主动搜集微信营销相关数据，以数据为依据优化微信发布内容、时间，互动方式，让公众号各方面的数据都保持一个良性的增长趋势。

（2）活动总结。大型推广活动结束后，将活动前后的各方面数据进行对比总结，计算投入产品比，优化下次活动的方式、内容。

第十四章　活动营销模式

阅读提示：
　　活动营销是房地产营销最重要的环节，对于陌生区域的楼盘，活动营销是吸引人气、积累客户的最佳选择。

关键词：
活动形式
活动定位
活动策划

一、活动营销的概念

　　所谓的活动营销是指企业通过介入重大的社会活动或整合有效的资源策划大型活动而迅速提高企业及其品牌知名度、美誉度和影响力，促进产品销售的一种营销方式。

　　简单地说，活动营销是围绕活动而展开的营销，以活动为载体，使企业获得品牌的提升或是销量的增长。

二、活动营销的目的

　　"活动营销"是房地产营销最重要的环节，一个楼盘销售可以不做广告，但决不能不做活动，尤其是对于陌生区域的楼盘，"活动营销"几乎是吸引人气、积累客户的不二之选。

　　活动营销的目的主要有三个，如图14-1所示。

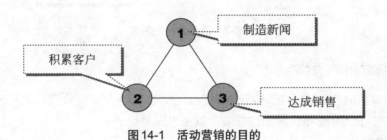

图14-1　活动营销的目的

1.制造新闻

在项目的亮相、起势阶段，通过制造新闻事件以扩大项目的知名度，拔高项目的形象，提升项目的宣传调性，这类的活动营销以制造新闻事件、扩大项目知名度为目的，我们称之为"事件营销"。

2.积累客户

项目建立知名度后，要解决的问题就是开始积累客户，并且使之改变态度、产生偏好，打造项目美誉度。尤其是先天有缺陷如较偏远的项目，要解决现场人气不足、消除客户抗性、增强吸引力，这都需要"活动营销"。

3.达成销售

项目建立知名度、美誉度，最终是为了达成销售；项目积累起一批意向客户后就要开始消化，最终将其变成现实客户。

三、活动营销的形式

房地产活动的种类根据项目定位和目标受众，有计划、有系统地进行活动创意、策划、设计和实施，以达到活动目的的专门性活动，具体活动形式如图14-2所示。

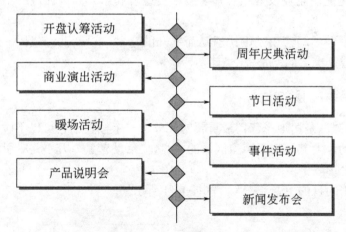

图14-2　活动营销的形式

四、活动营销的流程

活动营销流程是整个活动营销的核心，一般可分为筹备阶段、执行阶段、评估阶段，对每个阶段都必须细致推敲，以免出现差错。

1.筹备阶段

筹备阶段主要根据既定的方案及人员分工，进行物料准备，与广告代理公司、策划公司进行合同谈判、选址，人员邀请，发布广告等。

2.执行阶段

执行阶段又可分为活动前、活动中、活动后三个阶段，具体内容见表14-1。

表14-1 执行阶段

阶段类别	具体说明
活动前	对现场的再次检查，人员、礼品及物料的配备到位，来宾接待等
活动中	从主持人宣布活动开始到宣传活动结束为止
活动后	拆场阶段，主要包括放欢送曲、送客、拆场及恢复现场设施等

3.评估阶段

每项活动都有具体的目标，如客户来访量、客户评价等，与销售结合的活动还有当日成交量、促销效果、是否突破预算等。

五、活动营销的定位

活动营销定位是在活动策划期间对活动主题、目标、原则、性质、策略和活动参与者等各项事宜明确。活动定位受楼盘类型、楼盘规模、项目自身资源、客户定位、销售状况和销售期等因素影响。具体如图14-3所示。

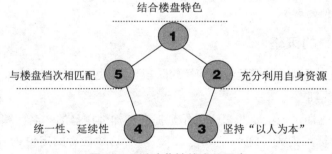

图14-3 活动营销的定位因素

1.结合楼盘特色

物业的差异化决定营销活动的差异，活动营销必须结合楼盘自身特色，这样，才可以在活动中突出体现楼盘主题，更好地向消费者和社会宣扬楼盘的个性化形象。

如万科的金域蓝湾，不定期举办的活动都是围绕项目"尊贵、优雅"的生活方式特色展开的，提高了楼盘的品牌影响，使得金域蓝湾成为高雅的代名词。

2.充分利用自身资源

活动内容应与楼盘的自身资源包括自然资源和房地产企业的社会资源紧密结

合。充分利用自身资源，不但可以充分展示楼盘资源特色，而且有利于控制活动成本。

3.坚持"以人为本"

"如何吸引更多的人参加活动、如何使参加活动的人满意"是活动的重中之重。因此，活动营销必须坚持"以人为本"，以人性化的思维贯穿活动的始末。

（1）活动的发起必须以活动参与者主体，包括业主和目标客户群的兴趣、爱好为出发点。

（2）活动的安排应从参与者角度着想，多开展一些大家都乐于参与的活动，关键在于让客户感觉到房地产企业的细心和体贴。

4.统一性、延续性

一个楼盘的活动营销往往不只一次活动而已，为了配合销售常常会举办数次间断性活动或短期内的系列活动。各个活动都是针对特定时期的销售工作，具有特定的目的，因此存在活动定位的差异性。但是，各个活动的主题和原则定位应具有统一性和延续性，这样，可以产生"1＋1＞2"的活动效应。

5.与楼盘档次相匹配

不同档次的楼盘具有不同的居住群体和目标客户群体，活动定位应与之相匹配。高档社区举办高品质活动，才显尊贵和具有吸引力。

比如，一个豪宅项目，针对豪宅客户对名牌汽车的需求，举办名车展也许更加能够吸引他们的参加。

六、活动营销的策略

房地产企业可以根据楼盘不同的销售阶段，策划不同的营销活动。

1.引导预热期

在引导预热期，最主要的销售工作是提高和加强楼盘的知名度和社会影响力。因此，活动目标应定为"造势、聚揽人气"，活动参与者应定位为以目标客户为主，面向广大市民，活动形式多种多样，要求具有轰动性。

2.公开发售期

公开发售期的活动目的在于加强楼盘对目标客户的吸引力，促进销售。因此，活动目标应定位于展示楼盘特色品质，打造社区文化；活动参与者应具有针对性，应定位为业主和目标客户。活动形式可定位为在社区内会所或售楼部或园林景观带等场所的文化艺术活动。

3.强销期

强销期是销售目标量最大的时期，活动营销的目的在于如何点燃消费者的购房置业热情，加快楼盘的销售进度。在此期间的营销活动往往是多种营销方式结合的组合营销，如果活动营销占有较大的比重，最好定位为短期内的系列化活动。一个楼盘优秀的社区文化往往可以成为楼盘的"附加值"。在强销期楼盘品质已成为共识的情况下，活动营销应着重宣扬社区文化特色，活动参与者定位为业主和目标客户。

4.销售持续期

在销售持续期，活动营销一方面要为项目销售服务，另一方面是为了提升楼盘品牌和房地产企业品牌服务。因此，活动形式既可定位为面向目标客户的促销活动，又可定位为面向业主和广大市民的社区文化艺术活动。

七、活动营销的策划

活动营销要取得好的成效，精心策划和彻底执行是关键。房地产企业活动营销策划要点如图14-4所示。

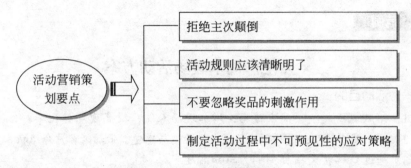

图14-4　活动营销策划要点

1.拒绝主次颠倒

策划活动的时候，很多人常常会主次颠倒，先从自身开发商的经济实力、承受范围出发思考问题，这样想出来的活动往往是片面的。凡活动皆是为了销售，策划伊始就要从项目针对的目标客户群出发，分析对方真正想要的是什么，什么样的活动最能吸引这部分人参与。

2.活动规则应该清晰明了

活动规则简单才能方便客户阅读，吸引更多的客户参与，一般最好维持在100字以内，并配以活动介绍插图。插图一定要设计的美观、清晰并且图片尺寸适度。

3.不要忽略奖品的刺激作用

只有你满足客户需求，才能够激发他们参与的动力，才会有人踊跃报名。奖励机制包括一次性奖励和阶段性奖励。奖品设置，一要有新意，二要有吸引力，三成本不能太高，如：印有项目logo的精美生活用品、水杯、纸巾盒等，既经济实用，还能够起到宣传作用。

4.制定活动过程中不可预见性的应对策略

一场活动策划的很完美，但是过程中总会出现许多超乎想象的问题，包括竞争对手策略的变化。特别是一些举办时间长的活动，中间很容易出现疲软和倦怠，此时，策划师必须及时地做出应对策略，并且根据活动过程中出现的问题做出调整，根据情况而定。

一场活动并不是一个人能够完成的，需要活动出资方、组织方、执行方的通力配合才能成事，好的活动，必定是倾听多方意见，头脑风暴总结出的精华，也必定是经过多方努力，互相监督酿造出的精品。

八、活动营销的方案

下面提供一份××地产周末暖场活动方案的范例，仅供参考。

××地产周末暖场活动方案

一、活动目的

（1）活跃现场气氛，周末暖场，增加现场人气，提高现场转化率。

（2）客户答谢活动，进行项目社区文化营造与感受，带动老客户介绍新客户。

（3）通过口碑扩大项目影响力与知名度。

二、活动主题

周末休闲体验之旅。

三、活动时间

待定。

四、活动地点

销售中心及景观展示区。

五、目标客户

（1）登记意向客户。

（2）前期成交客户。

备注：①活动的正常人数控制在50～80人。

②为实现广泛影响，前期已通过媒体广告完成。

六、活动要素

1.迎宾区

（1）迎宾时间。9：30开始。

（2）区域人员及职责。2名礼仪：身穿礼服或者旗袍，站立于入口两旁用手势迎宾。

（3）区域布置

①签到背板1块：中国风情和冷餐结合的主题背板。

②签到台1张：供来宾签到（售楼部工作人员2名）。

③礼仪小姐2名：身穿中国风情服装的礼仪微笑迎宾，并邀请客户签到。

2.冷餐区

（1）活动时间。10：00～12：00；14：00～17：00。

（2）区域人员职责。2名蛋糕制作师傅现场制作果盘、糕点、饮料成品，由工作人员负责为来宾递送甜点、果汁等，提升活动效应的持久度，增加好感度。

（3）区域布置

①自助式餐桌：桌布包装的餐桌上用鲜花点缀。

②冷餐：餐桌上摆放多种点心及水果。

③服务生2名：托着饮品盘，为来宾提供饮品。

3.演艺区（备选）

（1）活动时间。10：00～12：00；14：00～17：00。

（2）区域人员职责。3名西洋乐器演奏师轮番演奏乐器，提升活动的档次，增加好感度。

（3）区域布置。演艺人员座椅。

4.DIY区（备选）

（1）活动时间。10：00～11：30；14：00～16：00。

（2）区域人员职责。2名制作师傅现场教授大家制作DIY物品或者体验DIY服务，由工作人员负责为来宾递送甜点、果汁等，提升活动效应的持久度，增加好感度。

（3）区域布置

①自助式餐桌：桌布包装的餐桌上用鲜花点缀。

②DIY：餐桌上摆放工具以及物料。

③服务生2名：托着饮品盘，为来宾提供饮品。

（4）DIY活动推荐

①头饰DIY。

简介：头花是簪发展而来的首饰，由花头和针梃两部分组成。准备好各色丝及装饰品，为自己制作独一无二的丝带吧。

② 仿真纸花DIY。

简介：制作仿真纸质康乃馨、玫瑰等花，客户可亲手制作带走，并赠送真康乃馨一支。

③ T恤、帽子DIY。

简介：空白T恤、帽子，彩色的画笔，让单调的帽子、T恤充分展现你张扬，向上，热爱生活，展现自我的个性吧。

④ 香包DIY。

简介：香包是承载传统文化的有效载体，在人际交往、美化环境、陶冶情操、寄情寓志方面起着不可替代的作用。送一个香包，传递一份友情，捎去一份好心情，表达一番美好的祝愿，蕴含着丰富的文化内涵和精神取向。

七、来宾邀约、接待

（1）邀约对象：认购客户及意向客户；老带新及投资客户。

（2）来宾统计：50～100人。

（3）邀约方式

① 电话邀请：针对意向客户进行电话邀约。

② 短信邀约：针对意向客户进行短信邀约。

八、保安职责

（1）负责来宾停车安排。

（2）负责游戏区现场的安全。

（3）负责体验区现场的安全。

九、费用预估

（1）基础冷餐服务。包含水果拼盘、糕点、饮料，费用预估_____元（单场价格）。

（2）现场DIY活动。上述推荐活动，其中包含人员、材料、物料运输，费用预估_____元（单场价格）。

第三部分
房地产项目后期营销策划

　　由于房产与其他商品相比，生产周期非常长，而房产同时又是一种集使用和投资于一身的昂贵商品，所以它的选择和购买过程较长。对于具体的项目而言，房地产企业要区别各个不同的销售阶段，以采取具有针对性的广告宣传对策才会对项目销售起到更大的支持作用。

第十五章 项目导入期

阅读提示：

　　项目导入期是指项目刚进入市场，未被消费者认知的阶段。让消费者尽快认同接受该项目，是本阶段营销的重点。

关键词：

确定项目案名

编写《营销策划书》

项目宣传准备

一、项目导入期营销策划工作重点

　　项目导入期营销策划的重点工作如图15-1所示。

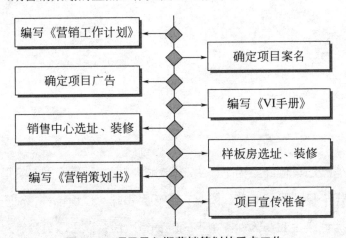

图15-1　项目导入期营销策划的重点工作

二、编写《项目营销策划整体工作计划表》

1.《项目销售前营销策划整体工作计划表》的编制及评审

　　（1）项目营销策划人员应组织相关人员编制《项目销售前营销策划整体工作计划表》。

　　（2）《项目营销策划整体工作计划表》经项目公司负责人确认后，报营销公司本部审核后，予以实施。

2.《项目营销策划整体工作计划表》的要素

《项目营销策划整体工作计划表》包含的要素，具体如图15-2所示。

要素一	确定提交《营销策划市场环境调查报告及建议》的时间
要素二	确定广告代理公司、营销案组的时间
要素三	提交项目案名、主广告语、LOGO、《项目VI管理手册》的时间
要素四	完成工地围墙、广告牌设计和制作的时间节点
要素五	完成销售中心（样板房）的选址、装修和布置的时间节点
要素六	提交项目《营销策划书》的时间节点
要素七	提交《项目定价建议报告》的时间节点
要素八	开盘的时间节点
要素九	开通项目网站等各项推广工作的时间节点

图15-2　《项目营销策划整体工作计划表》的要素

三、确定项目案名

1.项目案名的创作流程

（1）项目营销负责人应该在开工前编制《项目命名（组团命名）方案报告》。

（2）《项目命名（组团命名）方案报告》经项目公司负责人确认并与当地地名办沟通后，报营销公司本部审核，经公司董事长审批后，由项目公司发文予以明确，同时报当地地名办批准。

2.项目命名原则

项目的命名原则，主要包括以下几点。

（1）根据项目品类区分确定项目品类案名范围。

（2）充分考虑品牌的整体性、连贯性和扩张性。

①考虑楼盘定位的档次（品味）。

②考虑地方文化的协调性，地方方言的差异性。

③考虑新颖性、识别性、主题性。

④美好的寓意和谐音。

（3）项目案名可以美好寓意的花卉命名为其中一种方向，注意花卉与当地方言、民俗的对接。成熟产品案名选择方向原则上应依照"产品序列"，即某种案名尽可能对应某类产品。

比如，"杏花"是多层住宅序列，"玉兰"或"百合"对应高层住宅序列，"碧桂园"对应别墅或低密度住宅序列。

（4）除花卉方向外，也可以参考当地人名、地名、具有感情色彩的吉祥词汇。

（5）可以在充分理解集团品牌和项目内涵以及当地人文特点的基础上寻求创新。

3.《项目命名（组团命名）方案报告》的编制要点

《项目命名（组团命名）方案报告》的编制要点，具体如图15-3所示。

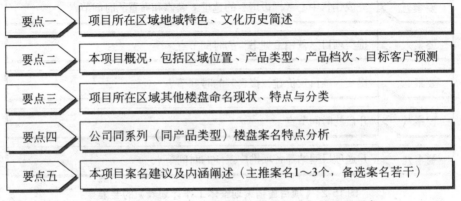

图15-3 《项目命名（组团命名）方案报告》的编制要点

四、确定项目广告

1.确定广告公司

在开盘前4个月，房地产企业要确定广告策划服务公司，对广告公司考察的重点如图15-4所示。

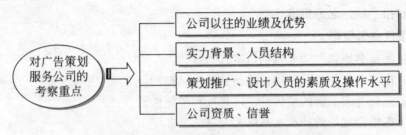

图15-4 对广告策划服务公司的考察重点

2. 确定项目Logo、广告语、主广告画面

新项目需从多角度设计Logo供选择和比较，并结合项目，充分表现特点。而对于成熟项目，尽量采用成熟标志体系。

广告推广语要符合项目的核心理念，突出项目的卖点，迎合目标客户群的心理需求。

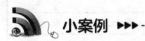 **小案例** ▶▶▶ --

景观设计是盾安福邸项目的最大卖点，"以山为轴，以水为脉"是整个项目景观的核心思想，项目地块的外部环境也拥有良好的山水资源，既有连绵的山坡，也有蜿蜒的河流。该项目的广告语就是：

传世府邸，生活就在山水间！

传世府邸，珍藏一世的山水画！

----

3. 广告预算

广告预算是房地产企业对广告所需费用的计划和匡算，它规定了广告计划期内广告活动所需的费用总额、使用范围和使用方法。

表15-1列举了一些可以列入广告预算的费用项目。

表15-1　广告预算费用项目

序号	项目	说明	比例
1	广告媒体费	购买媒体的时间和空间的费用	80% ～ 85%
2	广告设计制作费	广告设计人员的报酬，广告设计制作的材料费用、工艺费用和运输费用等	5% ～ 15%
3	广告调查研究费	广告调研、咨询费用，购买统计部门和调研机构的资料所支付的费用，广告效果检测费用等	5%
4	广告部行政费用	广告人员工资、办公费、广告活动业务费、公关费、与其他营销活动的协调费用等	2% ～ 7%

五、编制《项目VI管理手册》

《项目VI管理手册》的编制要点，主要包括以下几项。

（1）项目案名与项目Logo基本要素、释义、说明。标准色彩；中英文标准字；指定印刷字体；标准组合模式。

（2）广告语释义、说明。

（3）项目Logo应用物料设计。

项目LOGO应用物料主要包括类别，具体内容见表15-2。

表15-2　项目LOGO应用物料类别

序号	物料类别	具体说明
1	工作用品类	名片、信纸、信封、合同书、资料袋、传真用纸、便笺纸、各式表格用纸、卷宗纸、纸杯、手提袋、桌牌、烟灰缸、雨伞、胸牌、工作证、贵宾卡等
2	员工制服类	男女销售员两季制服，徽章、领带、雨伞、安全帽等
3	旗帜类	道旗、路灯旗、桌旗
4	广告招牌类	户外看板、路牌广告、候车亭广告、灯箱广告、工地围墙、霓虹灯招牌、大楼屋顶招牌等
5	室内外指示	室内指示系统、室外指示系统、符号指示系统、商业和会所招牌规范、工地围墙等
6	环境和展示风格类	展示会场、室内形象墙面、售楼处接待台、展板、防撞贴、公布栏等
7	媒体标志	报纸广告、电视广告、杂志广告、公司简介、网页、海报和POP、杂志或增刊广告
8	其他	售楼专车和客户专线；其他用品（圣诞卡、贺年卡、请柬、台历、挂历）

六、销售中心选址、装修

1.销售中心的选址

在项目总体规划阶段，项目公司应负责进行项目销售服务中心的选址。选址原则如图15-5所示。

原则一　如项目本身地处都市繁华地带，且工程进度能够配合，则建议尽可能利用项目自身（或周边原有建筑）场所作为销售服务中心；同时考虑看楼交通流线的合理性、工地形象的展示性等，合理设计销售服务中心位置

原则二　如项目距市中心繁华地带较远，项目工期不足以在开盘前半年完成销售服务中心的装修工作，可考虑在市中心或目标客户相对集中地段租用销售服务中心

原则三　项目销售中心的建筑外观、风格等应与楼盘的类型、风格、档次等吻合，颜色、造型等尽量与楼盘协调一致

原则四　项目销售中心选址方案经项目公司负责人确认以后，报集团营销部审核、项目分管执行总经理审批后执行

图15-5　项目销售中心的选址原则

2.销售中心的装修

销售中心的装修风格一般需根据实际项目来确定，与项目本身风格相搭，源于项目而高于项目。

销售中心的装修风格在于图15-6所示的两方面。

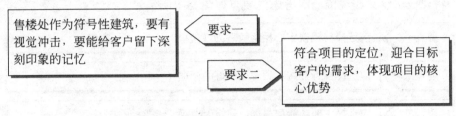

图15-6 销售中心的装修风格要求

3.销售中心的布置

项目销售中心的布置要求如图15-7所示。

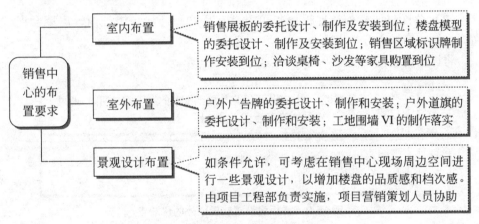

图15-7 销售中心的布置要求

七、样板房选址、装修

样板房作为销售道具的主要形式，是客户了解项目最直观的场所，尤其是花园洋房样板房的展示，是影响客户购买的决策因素之一。因此，对项目样板房的展示应提出更高要求，营造出与项目属性契合的空间环境和现场氛围，通过让客户实际体验，感受产品的空间功能和核心价值，协助并促进销售。

1.样板房的选址

样板房的选址一般有以下两种形式。

（1）设置在项目现楼里。将样板房设置在项目现楼里，优点是能最直观感受户型的空间，以及未来生活的憧憬，使用完还可销售回收成本。其缺点是行走路线繁杂、周边环境凌乱、安全隐患较多、看楼通道过长容易使客户乏味。

比如，深圳波托菲诺纯水岸把"楼王"设置为样板房，在此能将项目中心水景一览无余，让参观样板房的看房者不得不为其景观而震撼。

将样板房设置在现楼，应考虑的要点如图15-8所示。

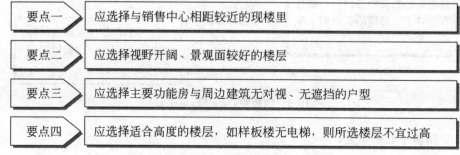

图15-8　样板房设置在现楼的考虑要点

（2）设置在现楼外。样板房也可设置在现楼外，如售楼处内、房展会展位、黄金街区、商场中庭等地方。

将样板房设置在现楼外的优缺点如图15-9所示。

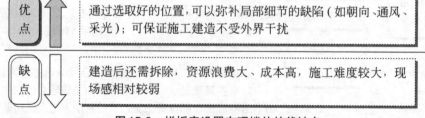

图15-9　样板房设置在现楼外的优缺点

2.样板房的户型选择

表15-3所示的三种户型可作为样板房的选择。

表15-3　样板房的户型选择

序号	户型选择	具体说明
1	主力户型	大多楼盘的户型设计种类较多，可选择2～3套具有差异化优势的户型作为样板房
2	部分有缺陷的房型	部分有缺陷的户型可以利用装修进行化解，甚至转化成独有的魅力，选择做样板房也是一个解决销售困难的方法
3	重点户型	如楼王、大户型等重点户型，必须通过样板房展示才能加深客户的理解，利于销售

3.样板房的装修

样板房的装修风格设计原则如下。

（1）应与该项目的建筑风格、客户定位、消费引导相吻合。

（2）与该项目推广主题和调性吻合。

（3）户型特点分析，亮点展示和缺点弱化，平面布局和立面造型的设计效果应超越客户对户型面积的期望值。

（4）色彩不宜太深，营造出亮丽的舞台效果。

（5）每套样板房的装饰策划一个故事和色彩主题，围绕主题进行氛围的营造。

（6）装饰的家具及装饰品风格应与硬装设计及项目类型相符，并控制好品质、造型。

（7）家具尺度的控制，应匹配室内空间尺度，并体现室内空间宽敞；家具的数量控制合理。

（8）尽量避免样板房内的固定家具由装修施工单位制作，应由家具厂制作或购买成品。

（9）室内主要吊灯应控制尺度。

（10）布艺的使用应重点考虑关联性。

（11）庭院、阳台及灰空间重点挖掘功能和设计。

八、编写《营销策划书》

《营销策划书》的编写要点如表15-4所示。

表15-4 《营销策划书》的编写要点

序号	要点类别	具体说明
1	市场分析	（1）宏观经济环境与房地产市场分析，包括宏观经济背景及房地产总体趋势如分析数值如总投资额、施工面积、竣工面积、销售面积、销售均价；住宅市场特征及数据分析 （2）房地产区域市场形势，包括区域概括，如地理位置、人文环境、居住收入和特点、规划前景等；区域特征及发展格局对比；分析数值，包括区域特征、区域内未来三至五年房地产市场供应、住宅类型、楼盘规模、户型、价格、环境 （3）竞争环境分析，包括竞争形势分析，如区域内供需关系、区域竞争分析、竞争项目分析等；竞争性案例分析，主要包括区域内竞争楼盘比对分析（分析数值：规模、当年及未来供应量、销售价格、销售情况、物业形态）和竞争对手推广策略分析（分析数值：广告推广情况、广告目标市场策略、产品定位策略、广告诉求策略、广告表现策略、广告媒体组合策略、广告效果评估）

序号	要点类别	具体说明
2	项目分析	（1）项目概况，包括项目区位，项目经济指标；项目所在区域资源概括；项目其他信息 （2）项目SWOT分析，包括优势、劣势、机会点、障碍点 （3）产品构成分析，包括产品构成；竞争项目比照，主要包括分析数值（区域位置、规模、户型构成、销售价格、周边租金状况等）和分析方向（区域内产品特征及市场发展状况）；产品价值梳理
3	项目定位	（1）目标客户定位，包括客户构成、置业目的、区域来源、核心吸引力、未来客户构成等 （2）市场形象定位，包括营销推广主题整合、定位描述、核心卖点整理
4	项目营销总策略	（1）营销定位 （2）项目整体营销目标 （3）品牌导入策略，包括当地知名企业品牌导入案例参考性比对分析和本项目品牌导入总策略制定（公司品牌与项目公司如何有效衔接） （4）入市时机选择，包括入市时机选择（思考点：项目工程进度、市场具体情况、竞争环境、销售条件具备）和确定入市时间、开盘时间
5	销售策略	（1）销售节奏控制策略 （2）客户积累策略 （3）价格策略：实现销售均价、入市价格设计、销控策略
6	推广策略	（1）整合多媒体的推广手段，包括品牌形象、广告传播、促销活动、卖场推广、现场形象、主题新闻、工程进度形成全方位的沟通效果 （2）推广的形式与媒体选择应强化差异性特征，在市场同质化的推广形象中突出个性化表现与品牌价值 （3）媒介诉求与示范单位、用材展示、专家讲座、展览展示、工地参观等直效推广形式相结合，促进推广的立体化作用
7	阶段营销、推广执行计划	（1）市场导入条件，包括推广目标，大众媒介推广，卖场、案场、展场的形象策略设计，销售道具表现，销售人员表现（选择与培训方面） （2）市场推广节奏设计，包括品牌导入期、开盘预热期、开盘强销期、持续推广期、销售尾盘期，所有阶段的思考点均为时间设定、核心目的、实施思路、实施重点、阶段主题、形象表现
8	项目推广总纲图	（略）
9	广告推广计划	（1）销售促进活动计划 （2）媒介广告发布计划 （3）户外广告发布计划 （4）案场形象布置方案
10	营销费用预算	（略）

九、项目宣传准备

项目宣传品包括但不限于项目楼书、户型折页、宣传单页、网站、DM、电视宣传片、电台宣传片、网络广告等。在项目开始客户积累之前需制作完成主要宣传资料，并需在日后进行及时更新。

第十六章　项目预热期

阅读提示：
　　房地产企业在项目正式入市之前，需通过各类宣传活动的造势来预热市场，分阶段有节奏的向市场推广。

关键词：
预热蓄客
高位切入
差异化策略

一、项目预热期认知

　　房地产市场的发展越来越理性，置业者在购房时都会反复比较和挑选，寻求性价比最高的物业，多注重眼见为实；对比于现楼，置业者对楼花的信心相对不足，因此，入市的时机一方面取决于当时市场的竞争状况，更重要的取决于入市时的工程形象和展示是否到位。这个过程就是房地产销售的预热期。

　　一般来说，项目在正式进入市场前都要有一个预热及提前亮相的阶段，这个预热阶段有图16-1所示的四种作用。

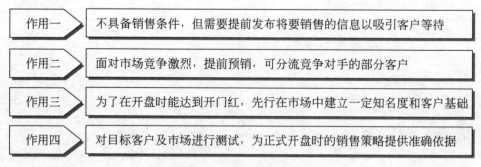

作用一	不具备销售条件，但需要提前发布将要销售的信息以吸引客户等待
作用二	面对市场竞争激烈，提前预销，可分流竞争对手的部分客户
作用三	为了在开盘时能达到开门红，先行在市场中建立一定知名度和客户基础
作用四	对目标客户及市场进行测试，为正式开盘时的销售策略提供准确依据

图16-1　项目预热期的作用

二、项目预热期蓄客

　　房地产项目预热期的主要任务就是突出项目的物业主题，展示楼盘的基本情况。房地产项目的开盘不同于商场、酒店的开业，开业只是为了聚集人气，而开盘则是把长时间聚集来的人气集中释放，这个长时间聚集人气的过程叫"蓄客"。

1. 项目预热蓄客的目的

房地产项目预热期蓄客的目的主要有图16-2所示的三种。

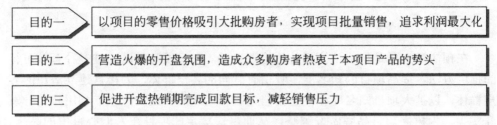

目的一	以项目的零售价格吸引大批购房者，实现项目批量销售，追求利润最大化
目的二	营造火爆的开盘氛围，造成众多购房者热衷于本项目产品的势头
目的三	促进开盘热销期完成回款目标，减轻销售压力

图16-2　项目预热蓄客的目的

2. 项目预热蓄客的条件

房地产项目进入预热期前，要具备图16-3所示的几项条件。

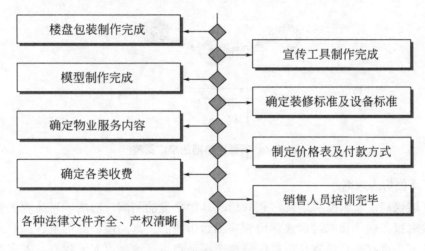

楼盘包装制作完成　　　宣传工具制作完成

模型制作完成　　　确定装修标准及设备标准

确定物业服务内容　　　制定价格表及付款方式

确定各类收费　　　销售人员培训完毕

各种法律文件齐全、产权清晰

图16-3　项目预热蓄客的条件

三、项目预热期的推广策略

项目预热阶段的推广策略主要是整个项目的形象推广，不需要涉及具体的情况，主要是让目标客户知道整个项目的主题概念和倡导的生活方式等。这个阶段是整个项目的档次、定位的最重要的阶段，项目可持续发展的基础（价格、人气、客户），因此要注重整个项目的形象包装。这个阶段需要进行售楼处、楼书的设计及样板的制作，并包括适量的广告推广，如有必要还可以进行电子楼书的准备工作，此阶段的推广工作是各阶段中相当重要的。

营销利剑

这个阶段广告公司的工作显得特别重要，他不是简单地将发展商和代理商所创意的主题通过平面方式表现出来，更重要的是如何让消费者能够接受项目的主题。

在预热期主要是将项目信息传达给消费者，在一段时间内通过多种有效可行的推广办法，提高项目的知名度，吸引有意向的客户群体，为楼盘建立潜在的客户群体，以扩大项目知名度和促进销售为目标，从而在此阶段重点利用宣传开发商实力，为树立项目品牌做好铺垫，从而尽快奠定此项目在人们心目中的品味、档次和形象，也为后阶段价格上调整理下伏笔，所以在预热推广阶段采用以市区最大化宣传来向市场告知本项目的信息，通过销售资料（海报、楼书等）的制作，展开客户的挖掘工作。可用策略如图16-4所示。

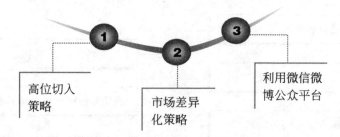

图16-4　项目预热期的推广策略

1.高位切入策略

区域谋局，着眼品牌运营，获取超越其他楼盘的利润，形成项目品牌美誉度。用发放海报、制作楼书等形式，用领先周边市场的"高品质、高形象、高舒适度"的产品形态进行项目的宣传，以区隔整个区域市场，达到"人无我有、人有我优"的优良产品质素，形成市场竞争真空的区域领导品质，获取众口称赞的口碑效应。

2.市场差异化策略

产品谋局差异化是决定房地产项目产品是否物超所值的关键，特别是在房地产项目市场中，"物超所值"和"高人一筹"的产业品质，是打动消费者的利器，因此寻主题差异，产品差异，在一定程度上可形成本项目的核心竞争力。

3.利用微信微博公众平台

利用网络媒体进行宣传，申请微信微博公众号，建立微信门户后，获得专属的微信二维码，然后将二维码应用到各种媒体中，让所有的媒体都成为收集客户的通道，提高广告转换率，并通过该渠道对项目的目前情况及各种优惠活动进行实时更新，旨在让客户尽可能参与现场，进行二次宣传，为本项目积累潜在客户群体，提高对项目的认知度。

下面提供一份××房地产项目预热期营销推广策略的范例，仅供参考。

范例

××房地产项目预热期营销推广策略

结合××市房地产市场特点及项目开发时序等因素，项目预热期必须在2个月之内实现既定目标，预热期营销推广步骤分成三个阶段开展：第一阶段——展示攻击、第二阶段——核心攻击、第三阶段——推广攻坚。

一、展示攻击阶段

1.展示攻击阶段的主要目标

以市区最大化宣传来向市场告知本案的信息，同时为项目一期进入销售阶段做好全面的准备。

2.展示攻击阶段的主要任务

为树立"××世纪城"项目品牌做好铺垫；完善销售中心、工地现场的包装，销售资料（海报、楼书）的制作；展开客户的挖掘工作。

3.第一攻击波——开始摸底宣传

以"××世纪城"项目开工为契机，全面传递项目正式启动的信息；在"××世纪城"项目开工同时，针对市区内政府机关、企事业单位及商户进行直拜，对有意向的客户进行预约登记。通过××电视台新闻报道、××晚报、××日报新闻报道。

4.第二攻击波——广告媒体及海报

××市区客户主要的信息来源首先是相互间的口碑传播，其次是传单和户外广告的宣传。因此除加强口碑传播外，还应以传单和户外广告为传播渠道进行针对性地宣传，突出项目的优势及卖点，进一步提高项目的知名度。通过海报进行投放，在户外及公交车上做广告。

5.第三攻击波——项目炒作阶段

举办"项目推介会"，在工地现场包装，设置临时销售中心。

二、核心攻击阶段

经过展示攻击阶段的运作，项目概念炒作已具有震撼性，并初步塑造出项目品牌形象，达到了轰动效应及品牌效应，迅速扩大项目在市区的影响，做到了家喻户晓，预计可达到竞争对手和潜在对手坐立不安的效果。

1.核心攻击阶段主要目标（略）

2.核心攻击阶段主要任务（略）

3.第一打击点——媒体整合（略）

4.第二打击点——展开内部认购（略）

5.第三打击点——开发乡镇市场（略）

三、推广攻坚阶段

经过展示攻击、核心攻击阶段的工作努力，面对现实需求客户的推广工作暂可告一段落。但仍需保持项目的市场关注度，延续营销推广气势；随着核心攻击的落幕，推广攻坚阶段的工作将全面展开。

1.推广攻坚阶段主要目标

深度挖掘潜在客户，依托不同行业和社会阶层的信息交流渠道推广项目信息。同时将项目信息传递到在××地区工作的××市民。

2.推广攻坚阶段主要任务

将"××世纪城"项目宣传工作扩大到××地区。挖掘××地区的潜在客户。

3.第一攻坚点——按行业推广（略）

4.第二攻坚点——××地区推广（略）

5.第三攻坚点——教育机构推广（略）

第十七章　项目开盘期

阅读提示：
　　开盘是对项目前期市场定位和营销推广的集中检验，是房地产企业调节供需关系的有效手段。

关键词：
开盘的条件
开盘的关键点
开盘的把控

一、项目成功开盘的条件

项目成功开盘有赖于企业对市场的准确判断和把握、项目价值传递的效果、有效的客户积累、合法的销售许可等多方面的准备工作，而图17-1所示的三大基础条件尤为重要。

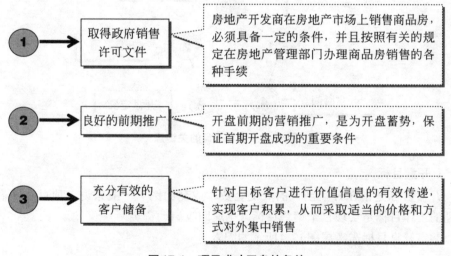

图17-1　项目成功开盘的条件

二、项目成功开盘的作用

开盘成功一般能够实现图17-2示的目的。

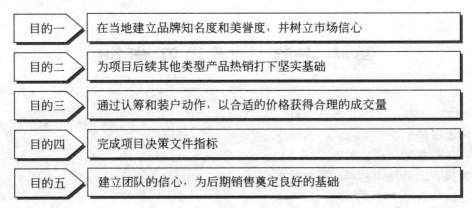

图 17-2　开盘成功的目的

三、项目成功开盘的关键点

项目能否成功开盘，房地产企业应考虑到图 17-3 所示的五个关键点。

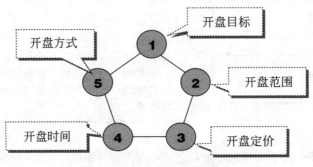

图 17-3　项目开盘的关键点

1.开盘目标

开盘目标是指在开盘当天的成交套数、成交比例。一般来说，项目在开盘强销期的工作目标是实现首个销售目标，迅速回收启动资金。

制定开盘目标需考虑图 17-4 所示的因素。

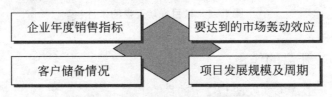

图 17-4　制定开盘目标需考虑的因素

2.开盘范围

开盘范围是指在项目开盘时，向市场推出的首批可售单位的集合。确定开盘推售范围的原则如图17-5所示。

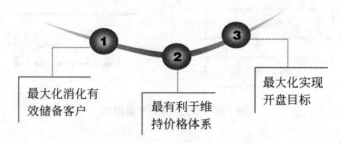

图17-5　确定开盘推售范围的原则

3.开盘定价

开盘定价包括开盘均价及各单位具体价格的制定。一般情况下，先定开盘均价，再根据价格系数制定各单位的具体价格。

对于新开楼盘，开盘前要经过多次价格论证，在各单位单价范围的基础上，调整得出具体价目表，并计算出开盘均价。可参考图17-6所示的步骤进行。

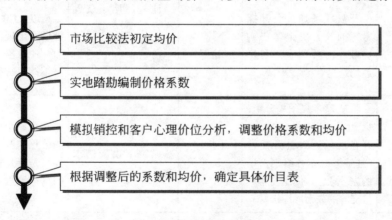

图17-6　开盘价定价步骤

4.开盘时间

对于房地产来说，入市的时机选择非常关键，且选择的余地不像其他产品那么宽广，而是相对较窄，时机选择如果失当，就可能导致整个营销的失败。

楼盘入市有以下几种最佳时机可供选择，具体如图17-7所示。

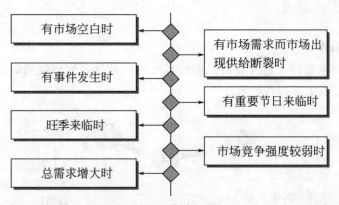

图 17-7　可选择的开盘时机

5. 开盘方式

常用的开盘选房方式有排队、抽签、诚意金顺序法等，不同的开盘方式有不同的适用条件和开盘流程。不同的选房方式，其操作方法与适用条件也各不相同，具体如表17-1所示。

表 17-1　多种开盘销售方式比较

销售方式	基本做法	储备方式	适用条件	注意事项
摇号选房	开盘现场通过公开摇号（抽签）确定客户购房顺序，按顺序让客户进场选房	不排序认筹	比较适用于认筹客户数量较多的情况，客户数量与推盘数量之比一般不低于1.5：1	避免过多客户不到场而出现冷场的局面；注意整个操作的公正性与透明度
分组摇号选房	将认筹客户预先分组，每组控制在8～12人，开盘现场通过公开摇号（抽签）确定各组别入场的先后顺序，同组内客户按交筹的先后顺序选房	不排序认筹	适宜客户诚意度非常高；供应需求数量都很大	注意整个操作过程的公正性与透明度；要清楚告知客户选房的具体流程
排队（按到场顺序选房）	预先告知客户开始选房的具体时间，按客户到场的先后顺序进行选房	不排序认筹	忠诚客户较多，容易在卖场形成人龙；客户心理不抵触此类方式；由于客户比较辛苦，在观望市场及高端项目要慎用	对外说法要明确是客户自愿行为，我方之前没有预计到；注意在现场为客户提供便利服务，避免客户出现抱怨，相互之间发生纠纷

销售方式	基本做法	储备方式	适用条件	注意事项
按认筹顺序选房	在规定的开盘时间内，按客户认购筹码的先后顺序进行选房	排序不选房认筹	客户比较理性；认筹客户数量≤推盘数量	注意通过房源推介鼓励后期客户交筹；注意开盘现场的气氛营造，刺激客户集中成交
按筹码对应房号认购（一对一）	客户认购的筹码与推出房源一一对应，开盘时客户只能选购筹码所对应的房号	排序选房认筹（一对一）	需求＜供应高端市场较适合	与客户的沟通至关重要，要保证客户对房源信息的充分消化；由于认筹时已进入实质性的房源推介阶段，要保证认筹单位的高成交率；开盘单位定价要与客户需求比较吻合，避免客户流失
按筹码对应房号认购（多对一）	开盘推出的单个房源与多个客户认购筹码（控制在5个以内）相对应，开盘时根据抽签确定客户购房顺序，客户只能选购筹码所对应的房号	排序选房认筹（多对一）	客户对房源品质有较高要求，需要进行房源推介，适当分流；对客户需求判断没有充分把握，需要保证推出房源的高成交率；需求＞供应	与客户沟通，保证客户对房源信息充分消化；由于认筹时已进入实质性的房源推介阶段，要保证认筹单位的高成交率；注意整个操作过程的公正性与透明度
有意向认筹，尽快成交，开盘集中签约	客户认筹时在开盘推售范围内选定意向单位，在取得销售许可后尽快分别成交，开盘时集中签约	排序选房认筹（松散）	需求≤供应高端市场较适合	客户认购筹码与意向单位对应，没有强制性，一个筹码可能对应1～3个意向单位；尽快分别成交主要防止客户出现流失，减少不必要的集中储客时间；开盘集中签约形式非常重要，关键要提升人气，扩大影响力

说明：在摇号选房、分组摇号选房、按认筹顺序选房及按筹码对应房号选房（多对一）的销售方式中，为了有效避免由于客户未到场而造成的现场跳空现象，从而影响现场客户的购房信心，一般会安排到场客户预先进行换筹，在对有效客户进行梳理后，再按原定的销售方式进行选房。

四、开盘把控要点

房地产企业在开盘时，需要把握的要点，具体如图17-8所示。

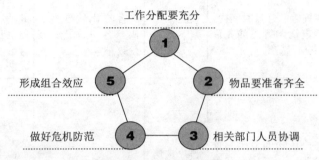

图17-8　开盘把控要点

1.工作分配要充分

有的房地产企业在开盘时，弄得手忙脚乱，有的甚至一团糟。原因主要就是在人员工作分配上没有到位，这是管理上不够细致周密所导致的。开盘是房地产企业第一次正式向社会公开露面，开盘仪式组织得好与坏，直接影响楼盘本身的形象。

房地产企业在开盘前要做好人员的详细分工，保障每个人员在开盘现场能够各司其职，最好在开盘前安排一次彩排，以防在开盘现场出现混乱局面。

2.物品要准备齐全

一个楼盘开盘，需要购置、准备大量的物品。物品种类非常多，要按各个环节列出物品、设备清单，然后安排人员购置与准备。在购置、准备完毕后，要指派专人负责清点一次，保障物品与设备、设施的到位，并且在开盘的前一两天，要将各物品、设备、设施搬运到指定地点与位置，不能等临时需要时才去寻找、调拨。

3.相关部门人员协调

开盘仪式是一个相对较大的公关活动，涉及范围及人员较广较多，因此做好仪式现场的协调就显得十分重要。要安排专人负责现场的协调与调度工作，一是协调各人员之间、各部门之间的关系，二是防止出现不测及处理突发性事件。

4.做好危机防范

开盘，每个房地产企业都很难保证现场一定会很热闹，因此要制定危机防范措施，尤其是冷场防范措施，以防止或者快速妥善地处理出现的危机。不过，大多数房地产企业都没有危机防范措施，这是很不正常的，一旦出现意外时，就会严重损害企业形象甚至影响销售。

5.形成组合效应

开盘的策划方案要系统化、组合化，避免单调，要将各种活动有机地衔接在一起，让整个开盘仪式看起来像是一台大型的晚会，各个子系统既相互独立，又融会贯通。尤其是售楼大厅的销售场面要作为重中之重，进行系统策划，令场面热而不闹。至于选择什么样的开盘仪式，关键是与房地产企业、楼盘、售楼部大小等各要素相匹配。

下面提供一份××楼盘开盘活动策划方案的范例，仅供参考。

××楼盘开盘活动策划方案

一、开盘目的

（1）为正式上市扩大市场影响力。

（2）将产品正式推向市场，树立企业与产品的新形象。

（3）以产品本身的特色扩大品牌知名度，吸引更多市场目光。

（4）为产品后续的推出作前期酝酿，加快口碑传播，争取更多关注。

二、活动意义

1.吸引客户

项目的前期客户来源，除了广告等媒体吸引而来的外区客户之外，很大一部分来自区域客户和通过区域居民对项目传播而来的客户。因此在做好广告等媒体宣传的同时，还应在项目正式开始销售前后对区域客户进行推广活动。

2.推广宣传

由于前期本项目广告传播不充分，卖点不强烈，虽然项目形象进度良好，但是未能很好地传递给客户及各界领导、相关单位。举行具有规模和个性的开盘活动，可以迅速达到向公众传播的效果。

3.实现成交

通过展示企业开发实力等相关活动的衬托，使前期积累和潜在需求的客户在良好企业行为和个性物业的感召下认可物业品质，增加社会亲和力，扩大和提高企业与楼盘知名度，加深社会公众印象，促进销售的良性发展，形成销售热潮，从而吸引更多的购房者。

三、活动形式

本次开盘活动主要以现场剪彩活动、签约新闻发布、客户签约三大部分构成。

1.剪彩仪式

活动对象：邀请组织者及相关领导、前期积累及潜在需求客户、各界代表、相关媒体、礼仪公司。

现场开盘活动仪式是本次活动的第一高潮。现场彩旗缤纷，气氛和谐，鼓乐齐奏，醒狮贺喜，摄影摄像，书家挥毫，开盘剪彩，为本活动的环环相扣、层层推进、高潮迭起形成前奏。

2.项目新闻发布活动

开展形式：签约仪式和新闻发布。

开盘当天举行的售楼处现场的签约新闻发布会活动是××项目开盘活动的第二大高潮。参与新闻媒体单位与记者是快速传播产品的主要途径。

四、活动概况

（1）现场开盘活动全称："××项目开盘剪彩暨签约新闻发布会仪式"。

（2）现场开盘活动主办：××房地产开发有限公司。

（3）现场开盘活动协办：××销售代理公司。

（4）现场开盘活动出席对象：前期客户、潜在客户、各界代表、有关媒体。

五、开盘前准备工作

1.7月12日之前

（1）主要工作部门：销售部。

（2）工作内容：做好客户回访，告知开盘活动相关信息。

2.7月13日～7月15日

（1）工作内容：销售员强化培训。

（2）目的："工欲善其事，必先利其器"——完善终端客户承接，树立项目信心。

（3）时间安排：每日17：00～19：00。

（4）培训内容：接待礼仪，自身项目利益点剖析，开盘流程培训。

3.7月12日～7月16日

发放请柬、邀请人员：领导、相关职能部门负责人员、当地房产开发企业人士、首批购房业主及意向客户、新闻媒体记者等。

六、活动内容

（1）司仪致开场白，介绍贵宾、嘉宾、祝贺单位，请领导及贵宾讲话。

（2）房地产企业总经理致欢迎词。

（3）贵宾致辞。

（4）质量宣誓。

（5）恭请贵宾剪彩。

（6）文艺节目表演。

（7）至售楼处举行签约仪式。

（8）新闻发布会。

（9）鼓乐、鞭炮、舞狮队、贵宾醒狮点睛，剪彩。

七、活动流程

（1）7：30所有工作人员到场。

（2）8：00全场工作准备完毕，舞狮队、军乐队、礼仪小姐到齐，高空气球、多彩气球、纪念品、奖品准备完毕。

（3）8：30播放迎宾曲，背景音乐，来宾签到，礼仪小姐迎宾进场，协助发放资料。

（4）8：55司仪宣布仪式即将开始，礼仪小姐引导贵宾入座主席台，嘉宾进入观礼区，表演队移至指定区域。

（5）9：00～9：05司仪宣布开盘典礼正式开始，介绍贵宾名单及各方嘉宾、祝贺单位。

（6）9：05～9：10司仪恭请房地产企业总经理致辞。

（7）9：10～9：20司仪恭请贵宾致辞。

（8）9：20～9：25司仪恭请客户代表致辞。

（9）9：25～9：45司仪恭请贵宾代表醒狮点睛，吉狮绕场表演，锣鼓声预示着公司事业蒸蒸日上（放鞭炮）。

（10）9：45～9：55司仪恭请贵宾为"开盘典礼"致辞剪彩。

（11）10：00司仪宣布剪彩仪式结束，请嘉宾至销售处。

（12）10：00文艺表演开始，唱歌、跳舞。书家现场题写——项目展示赠送。

（13）11：00～12：00新闻发布会和签约仪式。

（14）12：00司仪宣布活动结束，嘉宾进餐。

（15）13：00客户签约活动开始，每8位为一组进入，媒体电视台进行现场采访报道。每个签约客户送红酒一瓶，并赠送一个抽奖单。

（16）16：00抽奖活动开始。

八、抽奖活动

略。

九、费用预算

略。

第十八章 项目强销期

阅读提示：
　　强销期将是营销推广的高峰期，房地产企业应进行大规模的广告投入和促销活动，对楼盘进行强势推广和促销。

关键词：
案场管理
概念营销
销控放量

一、强销期的工作重点

　　直白地说，强销期就是指楼盘刚推出，房源充足，正在热推的时期。一般这个时期的购房者都比较多。

　　在项目强销期，所有营销工作都围绕着完成既定的销售目标而展开，这个阶段的工作重点如图18-1所示。

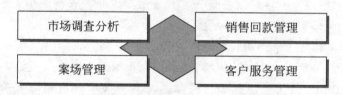

图18-1　强销期的工作重点

1.市场调查分析

　　在强销期进行市场调查，就是为了有针对性地解决销售过程中出现的销售不均衡，而采取的有侧重的市场调查活动。

　　为了了解项目在市场上的表现，需要通过分析市场排名和市场份额来判断销售工作的优劣势，从而指导后续的销售工作。

2.案场管理

　　强销期间，销售工作的绩效表现对于整个营销工作来说至关重要。此时，销售部门要加强案场管理，主要包括接待、轮排等情况，着重加强销售人员行为规范准则、例会制度的管理。加强对案场卫生、员工士气、接待质量、来电来访登记、客户回访率、客户满意度等方面的管理。

3.销售回款管理

在强销期，销售部门不仅要提升合同销售额和市场占有率，同时还要关注销售额的质量，也就是销售款的回收比例。另外，销售部门应对此制定按揭办理以及后期的违约月供收缴的标准流程，并制定相应的管理细则。

4.客户服务管理

合同签订后，客户就成为房产项目的业主。房屋交付后，销售或客服人员应该在一周内与业主电话或短信联系，表达问候和祝贺，询问其是否需要有关证件办理等方面的帮助。

二、强销期的策划要点

强销期一般在项目开盘至开盘后两个月内出现，此阶段的项目销售已经进入高峰期，市场认可度很高，消费者接受度也随之提高，成交量呈上升趋势。在此阶段，销售部门就要着力于项目策划，以使销量更上一层楼。策划过程中，可注重图18-2所示的要点。

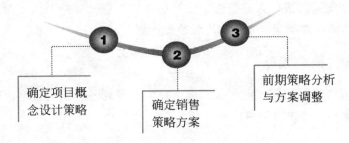

图18-2　强销期的策划要点

1.确定项目概念设计策略

所谓概念营销，是指着眼于消费者的理性认知与积极情感的结合，通过导入消费新观念来进行产品促销。目的是使消费者形成对新产品及企业的深刻印象，建立起鲜明的功用概念、特色概念、品牌概念、形象概念、服务概念等，以便顺手牵羊，增强企业的竞争性实力。

楼盘概念是指策划人对楼盘的一种思维的表现形式。在对楼盘的认识过程中，把能感觉到的关于楼盘的特点提炼出来，再加以概括，就成为了楼盘的概念。楼盘的概念要反映出楼盘的本质特征，卖得好的楼盘靠的就是概念与品质的合力。概念可以吸引眼球，品质可以让买家心动。

与一般营销相比，概念营销更能把握消费者的需求，更能抓住产品的本质特征，也更能完整地表达项目的诉求点，从而有利于实现项目和消费者产生共鸣。

2.确定销售策略方案

在对项目做了一系列的认知、了解与研究之后，对项目就有了全盘把握，这时就可以开始制定销售策略了。在制定销售策略时要遵循图18-3所示的几个原则。

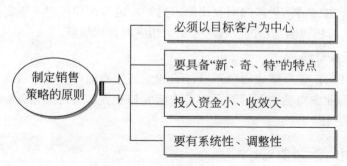

图18-3　制定销售策略的原则

3.前期策略分析与方案调整

房地产的推广策划，需要对项目本区域的竞争市场及需求市场进行可行性分析，以确定本项目的优劣势，进一步确定项目强弱势，明确目标客户群的定位，适时调整前期制定的推广策略。根据市场确立广告宣传策略及入市时机，确立一系列的公关活动，并制定一系列的广告监控计划。

三、强销期的销售策略

在楼盘销售的强销期，销售部门应选择大力策划各种销售策略，以进一步提高楼盘的销量。具体如图18-4所示。

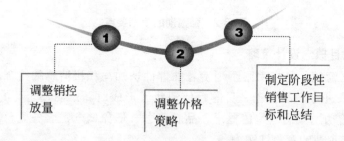

图18-4　强销期的销售策略

1.调整销控放量

销控，即保留房源。一般的项目都会有一定比例的房源留到项目销售后期。在楼盘营销的整个过程中，应该始终保持有良好的房源，可分时间段根据市场变化，按一定比例面市，这样可以有效地控制房源，而且当后期的好房源面市时，正处于价格的上升期，还可以取得比较好的经济效益。

2.调整价格策略

在产品的营销过程中，基于市场情况的变化以及企业自身目标的调整，需要对后续推出的房源价格进行适时的调整。这种调整分为图18-5所示的两类。

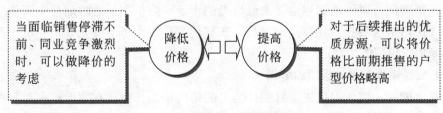

图18-5 价格调整的类型

3.制定阶段性销售工作目标和总结

强销期间，销售部门应做好阶段性销售工作目标和总结，将前期收获工作成果迅速传播并告知客户，评价并适当调整销售目标。

四、强销期的促销策略

在强销期，为配合销售达到顶峰，或在相对低落的时候创造又一个销售高潮，销售部门就要制定各种促销方案。具体如图18-6所示。

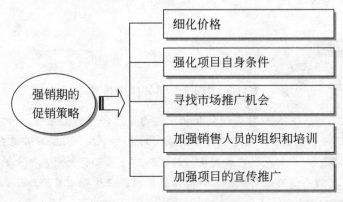

图18-6 强销期的促销策略

1.细化价格

强销期间，对于项目销售价格和促销策略应做相应的调整，价格的制定要更细化到位置、楼层、结构上。促销原则保持在开盘基准价三个百分点的上升空间或三个百分点的下降范围内。

2.强化项目自身条件

强销期间，除了外围市场的巩固和开拓之外，还须强化项目自身。

比如，银行按揭贷款应尽快办理，《商品房测绘报告》必须要求在项目取得《商品房预售许可证》之前完成。

3.寻找市场推广机会

强销期间，要因地制宜地寻求最恰当的市场推广机会，适时地与中国传统的民风、民俗节庆日相互连接推出项目。在宣传推广的跟进上要充分地利用一对一促销来加强推广的实效。

4.加强销售人员的组织和培训

强销期间，销售部门应每月制订当月的销售培训计划，有效地组织和安排培训工作，加强项目的相关培训。

5.加强项目的宣传推广

这个阶段的宣传推广主要是预热期的形象推广与实际楼盘的品质相结合，来进一步深化项目主题，并让消费者切身感受到宣传是实实在在的。

比如，对于居住环境的宣传可结合园林的规划设计，生活空间的畅想可结合户型，生活的方便快捷可结合社区内外的配套等不同的方式进行。

这个阶段的推广主要是以广告推广和活动推广为主，广告推广主要是积聚大量的人气，而活动推广可以丰富项目的主题，获得目标客户的认同感。

下面提供一份××房地产项目强销期推广计划的范例，供读者参考。

××房地产项目强销期推广计划

进入九月份，××项目热销期开始了，为了配合销售，各项宣传推广工作必不可少，"广告+活动"仍然是项目营销推广的重要手段。此阶段广告投入量会加大，基本以报纸广告和电视广告为主，其他为辅；活动将针对几个大的销售节点，通过实实在在的、能够吸引目标客户群体的举措，来达到项目的真正热销。

一、推广时间

2015年9月上旬～2016年春节前。

二、推广目的

通过对概念、产品、服务多层次、多角度地挖掘宣传，促销活动的开展，充分激起客户的购买欲望和决心，真正达到产品旺销。

三、推广思路

本阶段将是营销推广的高峰期，结合以下五个重大促销期进行大规模的广告投入和促销活动，对楼盘进行强势推广和促销。一是中秋节促销期，二是国庆节黄金周，三是××2015年秋季房交会，四是圣诞节至元旦黄金周，五是春节前夕。围绕这五个时间节点的促销活动和宣传活动此起彼伏，形成若干次的宣传高潮，利用好这五个时间节点的宣传，力争达到若干次的销售高潮，从而在市场上树立起公司和项目的知名度和美誉度。

四、广告宣传

本阶段持续时间长，将是广告宣传的高峰期，在广告投放上将会达到一个顶峰。广告方面以报纸广告为主，电视广告、杂志、户外广告、电台广告、网络广告为辅。

1.报纸广告

建议一周一次报纸广告，硬广告与软广告相结合，以硬广告为主。广告宣传重点突出项目的优势：地段（适宜居住的南部概念，拥有清新美丽的自然环境、便利的交通和完善的生活配套）、产品（设计合理超前的户型）和服务（置业全过程服务、星级物业管理、菜单式装修）。与此同时，将围绕每一次活动开展进行具体宣传。

媒体选择方面，根据前段时间广告效果分析，报纸媒体将以××晚报、××时报和××日报为主，××商报、××信报和××周刊为辅。因上一次夹报广告效果较好，此阶段将会做两次夹报，选用××晚报、××日报和××商报。具体投放计划根据上述原则具体安排（8月底提供）。

2.电视广告

在××电视台《××房产报道》、××电视台体育频道《××置业》、××电视台《安居乐业》三个栏目选择一到两个，进行项目立体宣传，包括形象宣传、信息发布、活动集锦。

3.杂志

主要在《搜房家天下》作一次企业和项目的形象推广（×总作为封面人物）。

4.户外广告

以条幅广告为主，主要根据项目工程的进展和各种优惠措施，达到广而告之和渲染施工现场气氛的目的。

地点及数量：工地现场（围墙、楼体外墙）若干条。

5.电台广告

可选择××广播电台，利用某一个强势栏目或整点报时或半点报时，同时宣传××项目和××花园。一是提高公司和项目知名度，二是可分摊单个项目的推广费用。

6.网络广告

从公司长期战略发展考虑，应设计制作公司网页。同时可与××搜房网建立长期合作关系，对公司和项目进行及时有效地宣传。

7.导示牌

在××项目主入口前设立一块项目导示牌，风格同销售中心导示牌保持一致。

五、活动策划

略。

五、强销期的注意事项

强销期阶段一般为项目正式进入市场开始销售，在此阶段项目会投入大量的广告、推广费用，一般还配合有开盘仪式以及其他各种促销活动等。相应此阶段的销售数量及能力需求也较高。强销期内需注意图18-7所示的问题。

事项一	顺应销售势头，保持较充足的房源供应量，否则有可能造成客户资源的浪费，如需要保留房号，数量不宜超过总量的15%
事项二	此阶段现场热销气氛非常重要，因此应加强促销，不要轻易停止，可根据实际情况变换不同方式，以保持热销场面
事项三	价格调整一定不能一次太多，一般每次不应超过 1%，但在客户可接受的前提下，可采用小步慢跑式（即提价可多次，但每次较少）
事项四	此阶段为项目的最关键阶段，如在市场中成功建立入市形象及市场认同感，则为持续期奠定了较好基础

图18-7 强销期的注意事项

第十九章　项目持续期

阅读提示：

　　持销期一般是在强销期之后的销售期，持销期同样是一个重要推广期间，对于楼盘最终的销售意义重大。

关键词：

持销推广

加大促销

调整销售策略

一、持续期的推广策略

　　项目进入成熟阶段，销量已经趋于平稳，成交量比较平均，客户消费行为明显理性化。而且由于持续期的项目销售总量剩余在20%左右，大多数较好户型、位置的单位基本上都在前期销售一空。在这个阶段，销售部门就应当结合剩余产品户型、位置和市场的实际情况制定新一轮的推广方案。这个阶段的推广策略如图19-1所示。

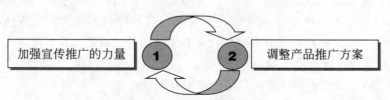

加强宣传推广的力量　1　　2　调整产品推广方案

图19-1　持续期的推广策略

1.加强宣传推广的力量

　　在持续销售阶段，由于该阶段时间较长，销售相对较为困难，对整个项目是否能够实现成功销售尤为关键，因此在这个阶段除了平面广告以外，还要有大量的促销活动来支持。在这个阶段，广告宣传需要根据前一阶段的销售总结，针对已成交客户某些需求特征，变化推广主题来吸引客户。而活动推广主要是为了在较长的持续销售中保持人气，并吸引前一阶段的准客户成交。

2.调整产品推广方案

　　在此阶段应多留意销售现场客户动向，在保证热销产品依然畅销的基础上，针对滞销产品及滞销原因做透彻分析，与策划部门沟通，针对项目销售情况及客户特点对之前的产品推广方案进行调整与修正。

下面提供一份××房地产公司精装修房源强销持续期推广计划的范例，仅供参考。

××房地产公司精装修房源强销持续期推广计划

一、强销持续期推广总目标

截至2015年8月13日止，毛坯房剩余房源11套；精装修已签合同的37套，已交定金的25套，小计已销售62套；精装修剩余房源为98套。计划毛坯房余房自然销售，精装修销售90套左右，将绝大部分房源去化掉，使公司在营销方面能够腾出主要精力用于后续商铺的营销上。

二、强销持续期推广主题——都市成熟生活榜样

1. 推广主要任务

强销持续期销售重点为精装修房源，因此，主要针对精装修房源进行传播推广。

2. ××公馆精装修房源独特卖点分析

××花园已经在本地树立起了大型而成熟的高尚社区形象，在本地具有巨大的品牌影响力，作为××公馆是××花园压轴性标志楼盘，天然地打上成熟生活的烙印。××公馆具有独特的成熟生活优势，以及项目本身所具有的优点，归结为以下十一个方面。

（1）成熟的中央商住区。

（2）精装修、全配套、拎包入住。

（3）性价比高。

（4）酒店式服务及全新的物业托管模式。

（5）高尚的综合性商务服务及休闲会所。

（6）裙房屋顶私家花园。

（7）现代都市文明生活。

（8）配套新型商业步行街。

（9）现代都市风格地标式建筑。

（10）一线湖景房。

（11）升值潜力无可限量。

3.推广的目标对象

从已经销售的精装修业主来源看，主力是本地客户，外地投资客极少，仅有少数几位客户是公司领导介绍过来的。这一方面说明本地客户是能够接受精装修的，另一方面也说明，要吸引外地投资客，需要做相应的对外推广宣传。

鉴于××公馆精装修房源本身不多，销售压力总体来说不大，无需对外大力推广，本地客户可以去化掉剩余房源。因此，推广的目标对象锁定本地中高端客户。

4.推广核心主题——都市成熟生活榜样

××房产在当地具有较高知名度与美誉度，××公馆精装修项目也早已吸引了当地客户的关注，但是，由于思维定势的作用，目标客户对精装修的概念还比较模糊，没有一个清晰的认知。另外，由于精装修相对于毛坯房价格较高，客观上对销售造成一定的阻力。因此，我们必须简洁直白地向目标客户传达出××公馆的鲜明形象，促使目标客户加速向实际客户转变。我们把强销持续期的推广核心主题定为——都市成熟生活榜样！告诉目标客户，入住××公馆是现代都市生活的标志。

三、推广思路

主要在当地做一些整合营销传播，借助移动E管家短信发送平台、项目外墙广告牌、售楼大厅易拉堡、展示架、宣传单张、DM邮发、建立网站等多种媒体，形成统一主题的强力传播。

（1）建立客户较为详细的信息库，××花园老客户资料及××公馆新客户资料，包括夫妻双方姓名、出生年月、原户口及住址、现住址幢号及房号、家庭及子女情况、联系电话及手机、购买××公馆主要是用于自住还是投资等。建立客户信息库，便于利用与挖掘客户资源，既可进一步密切与客户的关系，为赢得公司更好的口碑提供机会，也可以充分利用客户资源，带来更多的新客户，一举多得。

（2）8月开始建立公司自有网站，可以图文并茂地展现××公馆的各项优势。

（3）9月印制宣传单张6000张，重点介绍精装修楼盘。9月下旬重点锁定全县范围的机关、教师、医生、银行、中国移动、联通、电信、私营业主、企业家等具有一定购买能力的潜在目标客户群，发送DM邮政广告。

（4）圣诞节及元旦促销，主要是买房子赠送圣诞小礼物，小礼物不求贵重，但求新颖别致，具有纪念性。

（5）春节为所有新老客户送福送对联活动，同时，发送祝福短信。

二、持续期的促销策略

在持续销售阶段，由于该阶段时间较长，销售相对较为困难，对整个项目是否能够实现成功销售尤为关键。持续期的促销策略如图19-2所示。

策略一　巩固强销期成果

持续期一般无需投入太多广告和促销活动，主要以消化那些了解项目较晚的客户，或是在前期销售阶段未买到合适户型的客户为主，需对这部分进行跟踪，以达成交的目的

策略二　调整价格

作为向尾盘过渡的时期，产品在户型方位的优势已不能和前期相提并论，因此在促销上可以优惠价出售，以将贴近成本的让利作为底线支撑

策略三　以老客户带动新客户

通过老客户的口碑带动新客户的购买行为，给老客户以奖励，如减免物业费、赠送购物卡等优惠

策略四　满足不同客户需求

尽量满足不同类型客户的购房需求，例如价格打折、改造门窗和非承重的隔断墙

图19-2　持续期的促销策略

三、持续期的销售策略

房地产企业在此阶段应总结前期销售状况，与策划部门针对竞争楼盘制定有效的销售策略，针对第一批推出单位的阻力产品进行策略调整，吸引更多客户上门。持续期的销售策略如图19-3所示。

策略一　根据项目特点和所剩房源，挖掘个性进行销售

策略二　加强有潜力地区宣传，电话跟踪有成交欲望的客户

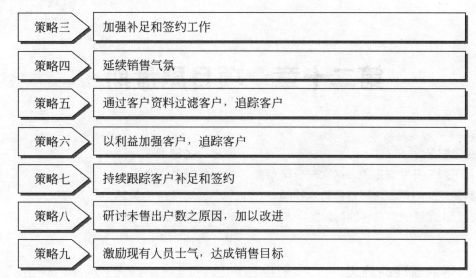

策略三	加强补足和签约工作
策略四	延续销售气氛
策略五	通过客户资料过滤客户，追踪客户
策略六	以利益加强客户，追踪客户
策略七	持续跟踪客户补足和签约
策略八	研讨未售出户数之原因，加以改进
策略九	激励现有人员士气，达成销售目标

图19-3 持续期的销售策略

四、项目持续销售期的价格调整

项目持续销售阶段的销售管理，主要是指价格策略调整、销售策略调整的管理，在项目处于持续销售期，销售价格管理尤为重要。

（1）项目开盘销售后，项目营销策划负责人应组织项目销售案组及时掌握销售进度、工程进度、销售态势、市场需求和销售前景，及时提出《房价调整建议》。《房价调整建议》经项目负责人确认后，由项目公司编制《房价调整申请报告》，按相关流程报批。

（2）任何一次房价调整，项目营销策划人员应督促项目销售案组根据调价文件及时制作和校核新的《售价表》，并经项目负责人审批后启用。

（3）项目策划人员根据市场变化、项目销售实际情况或项目销售案组的建议，提出的《项目销售策略调整建议》，经项目负责人确认后，报营销公司审核，项目分管执行总经理审定后执行。

第二十章　项目尾盘期

阅读提示：
　　对于开发商来说，绝大部分尾盘都是沉淀的利润，尾盘销售的快慢多寡则决定了一个项目的利润指标。

关键词：
避免尾盘发生
尾盘价格策略
寻找尾盘优势

一、尾盘管理的意义

　　尾盘一般指楼盘的销售率达到70%左右时，对所剩单位的称谓。因为尾盘数量不多，大都是一些销售较为困难的单元，销售时的营销费用十分有限，不可能大量、轰炸性的进行广告宣传，所以尾盘一直以来也成了令开发商头疼的一件事。

　　对于房地产开发商而言，尾盘是一个项目的利润沉淀，是产品在开发和营销进程中的难点和问题所在，尾盘处理得当，则项目的价值将会得到充分体现，实现边际效益最大化。

二、避免尾盘发生的方法

　　一个项目到达尾盘阶段时，开发商的投入（或阶段投入）基本已经收回，剩下的就几乎是纯利润了。但最后剩下的房源一般是最难卖的，比如朝向有问题、户型结构有缺陷、面积太大、总价太高等，总之用客户的话就是"挑剩下的"，其销售难度相对较高。但是任何项目都会进入尾盘阶段，那如何避免尾盘的发生呢？可参考图20-1所示的方法。

前期做好销控	让尾盘消灭在图纸上
把一个楼盘最难卖的那些户型、朝向有缺陷的房子在开盘初期（热销阶段）以较低的价格出售，尾盘消灭于前期，等到尾盘时，剩下的房子都是好房子就不至于降价太多	即在规划设计阶段下足功夫，力求房子的均好性，追求零缺陷。这样根本没有卖不出的房子，也就是没有所谓尾盘的麻烦

图20-1　避免尾盘发生的方法

三、尾盘期的宣传策略

尾盘之所以之前没有引起关注，主要是信息渠道不够通畅。作为企业销售团队的带领人，销售部门应该抓住尾盘的特点进行宣传。其宣传策略如图20-2所示。

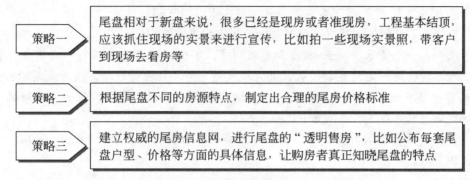

图20-2　尾盘期的宣传策略

策略一：尾盘相对于新盘来说，很多已经是现房或者准现房，工程基本结顶，应该抓住现场的实景来进行宣传，比如拍一些现场实景照，带客户到现场去看房等

策略二：根据尾盘不同的房源特点，制定出合理的尾房价格标准

策略三：建立权威的尾房信息网，进行尾盘的"透明售房"，比如公布每套尾盘户型、价格等方面的具体信息，让购房者真正知晓尾盘的特点

四、尾盘期的促销手段

一般来说，任何一个项目在尾盘期都会采取不同的促销手段，以刺激消费者的购买欲望。常用的促销手段如图20-3所示。

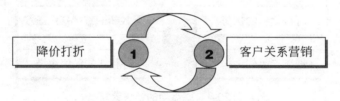

降价打折　1　2　客户关系营销

图20-3　尾盘期的促销手段

1.降价打折

如果剩余的房源有几十套甚至上百套，为最大限度地获得更多的利润，一般不宜采取整体降价打折，而是从中一次性拿出十套左右的房子，以很低的价格推出，也就是"特价房"。这些房子在户型结构或者朝向方面都有明显的缺陷，但降价幅度大，就具有了相当的性价比，可以让消费者动心了。通常特价房一推出就迅速销售一空，然后再考虑推出第二批特价房。

在操作特价房的时候需要注意的是：既然称为特价房，就要把价格一次降到底，坚决避免出现特价房不特价导致推出市场无人问津的状况。特价房的优惠价一般在9～9.5折，如果只降1～2个点，那就干脆不要叫特价房。

2.客户关系营销

由于前面已经销售了80%～90%的房子，积累了大量客户，这些客户都是良好的口碑载体，他们会对自己的亲戚朋友、同学同事夸赞自己的房子，会陈述自己购买房子的种种理由，甚至邀请亲友到自己的房子去看看。

很多次市场调研都发现，消费者在回答"对哪一种信息来源最信任"这个问题时，通常最高的比例不是报纸电视路牌广告，也不是售楼人员的销售说辞，而是"亲友告之"。这构成了客户关系营销发挥作用的基础。

客户关系营销的方式之一就是鼓励"老客户带新客户"。

比如，一个老客户介绍他的亲友来购房，不但他的亲友能获得一定有优惠，他本人也将获得一定的奖励，从1000元现金到免一年物业管理费，或者是送家电、送旅游机票直到特殊大奖，分成几个等级，介绍的客户越多，获得的奖励越高，以此鼓励老客户多多推荐新客户。

客户关系营销的方式大大节省了开发商的广告费支出，是一种成本小收益大的营销手段。

五、尾盘期的销售策略

项目进入尾盘，尾盘销售速度明显减缓，项目入伙临近，销售问题尤其突出，这就需要销售部门制定出切实可行的销售策略，以达成最终的销售目标。具体如图20-4所示。

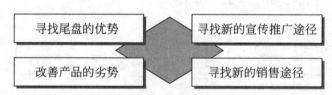

图20-4　尾盘期的销售策略

1.寻找尾盘的优势

尾盘期时，销售要在项目的优势上做文章，转化项目的优势为销售力。虽然项目存在着各种自身条件的不足，但是尾盘却具有图20-5所示的两大特点。

图20-5　尾盘的特点

2.改善产品的劣势

针对项目的户型、采光等不足，做出一定的修改，如将过大的户型改成适中的中、小户型；通过一定的措施，解决产品的采光方面的不足。

另外，转变消费者对楼盘尾盘是烂尾楼的看法，加强正确信息的传播和改善信息传播渠道。

3.寻找新的宣传推广途径

由于项目尾盘时的产品数量，就决定了项目的推广费用不会太高，由此，宣传推广上就会受到很大的制约。可以采用图20-6所示的推广途径。

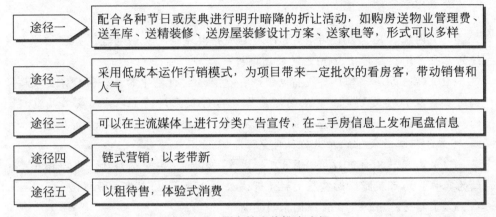

途径一	配合各种节日或庆典进行明升暗降的折让活动，如购房送物业管理费、送车库、送精装修、送房屋装修设计方案、送家电等，形式可以多样
途径二	采用低成本运作行销模式，为项目带来一定批次的看房客，带动销售和人气
途径三	可以在主流媒体上进行分类广告宣传，在二手房信息上发布尾盘信息
途径四	链式营销，以老带新
途径五	以租待售，体验式消费

图20-6　尾盘的宣传推广途径

4.寻找新的销售途径

一般的楼盘销售主要是靠项目的营销中心或售楼部售出的，但是，尾盘期的房量不多，而项目的销售也基本步入销售疲软期，看房的客户的数量相对较少，所以，必须寻找新的销售途径。

比如，处于尾盘期的项目可以直接与二手房中介合作销售尾盘即直接将项目尾盘进入"尾盘超市"，进行委托销售。

下面提供一份××房地产公司尾盘促销方案的范例，仅供参考。

范例

××房地产公司尾盘促销方案

一、促销目的

为了能在整体市场比较低迷的状态下完成销售，应对即将到来的淡季市场，推出"尾盘集中赢，清盘销售三重礼"活动，以清盘销售为由头，做一次促销活动，争取最大限度地完成销售，最大限度地完成回款和公司既定目标。

二、促销时间

2016年8月8日起。

三、活动内容

尾盘集中赢，清盘销售送大礼。2016年8月8日起××清盘推出最后36套房源，凡在2016年8月8日起定房并按照约定交纳房款、办理相应手续的客户均可获赠相应大礼。

（一）第一重礼：购房送价值5000元的液晶电视一台

（1）内容。凡自2016年8月8日起定房并按照约定交纳房款、办理相应手续的客户，均获赠价值5000元的液晶电视一台。

（2）赠送办法。客户要液晶电视的，在交清首付签完购房合同后，办理按揭时直接从售楼处领走，其他问题由客户自行联系厂商；客户不要液晶电视的，按照5000元标准在房屋总价里予以优惠。尽量建议客户选择房价优惠。

（二）第二重礼：购房送契税再免保险

（1）内容。凡自2016年8月8日起定房并按照约定交纳房款、办理相应手续的客户，均可获赠所购房屋契税（开发公司代交），贷款客户免保险。

（2）赠送标准。契税按照国家规定标准。

（3）赠送办法。免收客户契税，由开发公司代交，完税凭证交给客户。按揭保险由开发公司协调这部分客户不办理保险。

（三）第三重礼：团购风暴

（1）内容。自2016年8月8日起，在××团购房屋的客户，两户团购可以享受1%优惠，以后每增加一户优惠幅度增加0.5%，即3个客户优惠1.5%，4个客户优惠2%，5个客户优惠2.5%，6个客户优惠3%，最高优惠不超过3%。

（2）优惠标准。团购客户定房时间可以有先后，但是必须在规定的7天时间内签合同，客户签合同后就不能再参加团购；客户有特殊原因不能在7天内付款的，需写出书面申请，写明原因及最后付款期限，自定房之日起7日后即不能再参加团购；团购户数中间如有人退房，则按照退房后户数计算；一套房屋只能参加一组团购。

（3）优惠办法。团购客户必须同时来签合同，团购客户在交首付签合同时，必须写出书面申请，写明哪几户团购，优惠幅度，经销售经理签字后，在签合同时从房屋总价里优惠。

（4）优惠幅度。最低0（没有团购），最高3%（6户及以上团购）。

四、宣传推广方式

通过以下宣传方式进行活动告知。

（1）报纸夹报。

（2）人员派单。

（3）竖幅广告。

（4）游动字幕。

五、活动执行流程

（1）活动确定执行后，在8月6日前完成横幅制作工作，并在8月7日悬挂到位，电视台游动字幕合同到位。

（2）8月5日前做好电子显示屏使用的沟通工作。

（3）8月8日、9日完成派单工作。

（4）活动确定执行后，8月7日前联系家电销售公司，确定最低价格和付款方式，并将样品送到现场。

（5）客户定房，并在规定期限交清首付款，签订购房合同后，办理贷款手续时（一次性付款在取合同时），由销售主任开礼品单（附后），案场经理签字确认后交财务签字确认。

（6）客户持财务确认的礼品单领取礼品，自行取走礼品。

六、其他事项

（1）只有客户在活动期间定房并交清首付款，签订购房合同，并办理相关购房手续后（按揭客户办理完按揭手续，一次性付款客户付清全款）才有资格领取礼品。

（2）售楼处现场摆放礼品样品各四台，并用红绸扎起来，用红色彩纸打印"尾盘集中赢，清盘销售三重礼！"字样贴在样品上，以渲染气氛；现场摆放用于发放的礼品各20台。

（3）打印活动细则，张贴在售楼处显眼位置，以起到宣传告知作用。

（4）搞团购优惠活动，可能会有客户在销售现场自行联系结合为团购，对于这种情况可以装作不知道，采取默许的态度；一次性付款客户如果参加了团购优惠的，可以先享受团购优惠再享受一次性付款优惠。